陕西出版资金资助项目

龙与鹰

中美政治的文化比较

[美]罗素·邓肯 著
胡宗锋 译

陕西师范大学出版总社

图书代号:SK14N1350

图书在版编目(CIP)数据

龙与鹰:中美政治的文化比较/(美)邓肯著;胡宗锋译. —西安:陕西师范大学出版总社有限公司,2014.9
ISBN 978-7-5613-7829-8

Ⅰ.①龙… Ⅱ.①邓… ②胡… Ⅲ.①政治文化—对比研究—中国、美国 Ⅳ.①D6 ②D771.2

中国版本图书馆 CIP 数据核字(2014)第 194232 号

龙与鹰——中美政治的文化比较

[美]罗素·邓肯著 胡宗锋译

项目策划	穆　涛
出版统筹	刘东风
责任编辑	胡选宏　张旭升
责任校对	郭　媛
装帧设计	张　涛
出版发行	陕西师范大学出版总社 (西安市长安南路 199 号　邮编 710062)
网　址	http://www.snupg.com
印　刷	西安创维印务有限公司
开　本	720mm×1020mm　1/16
印　张	13.25
插　页	2
字　数	168 千
版　次	2014 年 9 月第 1 版
印　次	2014 年 9 月第 1 次印刷
书　号	ISBN 978-7-5613-7829-8
定　价	28.00 元

读者购书、书店添货或发现印装问题,请与本社营销中心联系、调换。
电话:(029)85307864 85303629　　传真:(029)85303879

序

世界正在关注一颗新星在21世纪冉冉升起,中国像一个崭新的超级明星那样引领国际舞台,在各个领域挑战着昔日的明星。全球化加剧了对利益的兴趣,并且超越了地域,形成了一个皆有可能的时代,这在互联网和跨国公司诞生前是无法想象的。全球治理[①]和愈来愈高涨的爱国心并驾齐驱,世界因为我们这个时代的所为以及不远的将来而面临前所未有的巨变。

虽然国际关系和大国理论早已有之,但中美之间对国际格局关系的探讨史无前例。历史学家、政治家、各路媒体以及互联网上的博客都试图阐述眼下所发生的一切。每天,在公共场所和私人餐桌上,人们都在比较和对比今天和昔日的新旧超级明星。

美国,这个全球最发达的超级大国,在20世纪末苏联解体后,成了超级强国[②]。以前也确实诞生过庞大的帝国,但没有哪个民族、国家在全球

① 全球治理(Global Governance)是一个社会学或国际关系的术语,指为了解决超出一国或一地区的某一问题,而由各国进行政治协商以共同解决的方式,如通过具有约束力的国际规制解决全球性的冲突、生态、人权、移民、毒品、走私、传染病等问题,以维持正常的国际政治经济秩序。国外学术界对于全球治理还没有形成确定的、得到共识的概念与定义,中国学者也尝试着从不同的角度来对全球治理的概念进行界定。——译者注

② Hyperpower 也译为“特级大国”。——译者注

的地位达到如此之高，只要一按电钮，其各种实力便会触及所有大陆。有分析家预言“历史会被终结”，一切都会以美国利益为主。美国的军事力量让其成为不可否认的强国。事实上，美国在全球的头号金融和经济地位使其“黏实力”的影响在世贸组织、国际货币基金组织、世界银行、货币储蓄（美元）和股票市场等领域无处不在。更为重要的是，美国的全球霸权地位来自于其强大的软实力——美国文化、大学体系、好莱坞大片和英语语言创造的“美国梦”，从过去到现在依旧颇有说服力。硬实力、黏实力和软实力这三种真正的实力让美国——我们称之为鹰——拥有了一种全球霸权地位，奥巴马将这称之为“巧实力”。

同时，全球也看到美国霸权的一个世界竞争者在崛起，中国——我们称之为龙——引来的全球关注与美国平分秋色。以前从没有这样一个民族国家出现过，其地域广阔、人口众多，经济发展创纪录，GDP 赶上了美国，并有可能在未来的几年超越美国。从实力上讲，胡锦涛常说需要综合实力。中国的军事发展计划，包括壮观的空间探索计划使其硬实力不容否定，同时中国的经济发展模式也已经证明拥有足以挑战鹰的黏实力。在硬实力和黏实力领域，龙的地位长足发展——中国在 1979 年改革开放后的仅仅 35 年间就做到了。习近平从国家和个人的角度讲中国梦。在国际舞台上，几乎所有的分析家都承认虽然中国的软实力在增长，但就综合实力来讲，依旧是最弱的一部分，软实力的发展最费时间。无论如何，中国的软实力会增长的，习近平先生和皆有可能的时代——天时与人和在改革年代的对接，这将会帮助中国提升文化软实力，让全球更多的人接受中国。

《龙与鹰——中美政治的文化比较》探讨的是当下的全球格局变化。所谓的“威斯特伐利亚格局”在 1648 年就开始创建的民族国家主权正在受到挑战，复杂的全球相互依赖、互相合作、政权形式和全球概念等动因交织在一起，其中牵扯最多的是龙和鹰。大国之间是否会形成一种全新的关系是人们探讨的核心。习近平先生和奥巴马先生的举动在这个皆有可能的时代影响巨大，建立一个基于尊敬和实力的世界新格局面临严酷的考验。

本书收集的13篇文章是笔者2012年4月至2013年10月在《美文》发表的系列专栏文章，译者是西北大学的胡宗锋教授。本专栏的文章是《美文》主编贾平凹先生和副主编穆涛先生首次邀请外国人开系列学术专栏，并放手让作者选题。作者和译者的密切合作为本书添彩，让人们从跨文化的角度来理解我们这个时代。实际上，2013年7月，在西北大学举行了一次国际研讨会，来自政治、文化、历史、中国文学、美国文学等领域的12位专家和学者针对本专栏系列文章中的观点进行了探讨。

本专栏的系列文章从政治、文化、历史以及全球观念等方面对龙与鹰进行了比较。每篇文章都基于对最新资料的广泛研究。《西方老人与年轻的中国灰姑娘》一文于2012年7月6日被《光明日报》转载，《译苑》2012年第三期刊发英汉对照版，2012年8月中央党校的《党政干部参考》转载此文，与胡锦涛主席的文章发表在同期，并被收录在中国文联出版的《2012年最佳散文》中。《饮白酒，观"湖人"——习近平征服美国》一文也曾在《译苑》2012年第二期刊发。

罗素·邓肯

2014年4月于丹麦哥本哈根大学

目录
CONTENTS

第一章

继续开来

1. 西方老人与年轻的中国灰姑娘

当我在 21 世纪的第二个 10 年写此文时,中国是世界上容易让人产生兴趣和感到激动的国家。要是从中华人民共和国成立算起,她只年长我两岁;要是从其悠久的文明算起,她是地球上最古老的国家之一。

今天,中国是东方的巨人,其崛起即可稳定抑或震荡未来几十年的全球秩序。一方面,任何一个拥有这样的地域和人口的大国在其迅速崛起后必定会影响全球的秩序;另一方面,在维护全球复杂的相互依赖的经济稳定局势上,以及在越来越多的国际组织中,中国的角色至关重要。很多国家对中国的国力上升、高涨的民族情绪以及其全球普世规范颇感担忧。中国向世人明确地证明,西方模式并非唯一,其"中国特色社会主义"理论表明龙与鹰的关系将会持久。

西方人最喜爱的一个童话故事是,一位遭受欺辱的姑娘梦想与父亲是国王的帅王子成婚。这个故事在每一个渴望改变自己人生(即一夜暴富)的世人中有共鸣。童话中的姑娘,依其纯朴、虔诚、谦卑、善良和机遇过上了好日子。故事的梗概是,一个叫爱娜的姑娘和她富有的父亲与第二任妻子——一个邪恶的后母——生活在一起。爱娜的生母去世了,后母带来了两个工于心计且对她不好的姐姐。两个姐姐比她大,比她厉害。

她们让她穿破衣服和木鞋，强迫她从早到晚伺候她们，为她们做饭、擦地板、洗衣服和照看火炉。结果，她的衣服和脸上总是有地上的灰尘与火炉里的灰（cinders），两个姐姐取笑这位可怜的姑娘，叫她“灰姑娘”（Cinder Ella，直译为灰爱娜）。

灰姑娘只能睡冰冷的硬地板，而两个姐姐却睡在温暖、温馨和有绫罗绸缎的床上。她吃的是两个姐姐的剩饭——要是有的话。即便如此，灰姑娘依旧颇具幽默感，从不抱怨，吃苦耐劳，偷偷地读任何能到手的书，梦想着好日子。

一天，有权势的国王下令办一个舞会，邀请全国符合要求的姑娘们参加，以便让自己的儿子从中选一位新娘。两个姐姐长得丑，但却尽力打扮，洒上香水去了皇宫。灰姑娘也向往着去参加舞会，但却没有像样的衣服穿。然而她的虔诚和信念打动了一位仙后，仙后用魔力将灰姑娘的破衣服变为漂亮的晚礼服，让她穿水晶鞋，头发上洒着闪亮的金屑，抹上腮红，涂上蓝眼影，乘着一架金马车去见王子。仙后警告灰姑娘所有的魔力将在午夜失效。

她一走进舞场，王子一下子就为她的美所吸引。除了这位神秘而性感的美女，王子不与任何姑娘跳舞。没有人认出她，因为她从来没有这样光彩照人过。很多人在打听她的身世，她一言不发，生怕人家听出她的声音。她玩得很开心，到了午夜，在魔力失效前，她跑出了皇宫，但却遗落了一只鞋，被王子捡走了。

王子拿着这只鞋，在全国挨家挨户地寻找，期望找到能穿上这只鞋的姑娘。但一连几天，王子都没有发现能穿上这只精致鞋子的姑娘。在灰姑娘家，两个姐姐一个只能将大拇指塞进鞋里，另一个削掉脚后跟才穿上了鞋，但王子都看穿了两个姐姐的把戏。接着，灰姑娘被从厨房里叫了出来，她穿着破旧的衣服，显得很脏，但她很利索地将鞋完美地穿在了脚上。

鸟儿开始歌唱了,魔力在瞬间回到了灰姑娘身上,她披着婚纱,戴一身漂亮的珠宝……她嫁给了王子,有了权势,从此幸福地生活着。

2012 年,全世界在瞩目着一位新灰姑娘——迈着龙的舞步,向世人展现其咄咄逼人的妩媚:美丽、财富和实力。冲出第二次世界大战的灰烬,赢得国内战争的胜利,经过“大跃进”和“文化大革命”的洗礼,在 1979 年,邓小平领导中国对外开放后,中国开始摆脱贫穷,走向富裕。

“五千年文明”是中国人在文化展览、奥林匹克运动会和城市宣传中的口号,中国人用此语以期提高综合国力中最重要的软实力。运用此口号提升软实力在于中国的历史像一个上升的阶梯,爬了一级又一级,从三皇五帝、夏、商、周,到秦、汉、魏晋、南北朝,再到隋、唐、五代、宋、元、明、清。1912 年结束了封建王朝,建立了中华民国,直到 1949 年,中国共产党建立了中华人民共和国。

2011 年,我走在“丝绸之路”上,路过喀什的古集市、保护甚好的“坎儿井”和交河故城。在此前,让我惊讶的是,西安的大小雁塔、秦始皇兵马俑和新石器时代的半坡博物馆。我参观过重庆的大足石刻、曲阜的孔庙、八达岭的长城、北京的颐和园和故宫。这些历史遗迹证实着五千年的中国文化。但中国这个灰姑娘才刚登上世界舞台,从邓小平将其引见到世界才只有 30 年。

我最初知道这位新灰姑娘的时候,她还没有现在这样富有和迷人。1957 年夏,6 岁的我住在美国的佐治亚州,妈妈常带我去大西洋游泳,在那里我第一次见到了中国人。在萨凡纳市外,泰碧海滩的边上,最好的一家商店是 T. S. 周,周氏夫妇是中国移民,出售常见的旅游小商品,也卖海滩玩具、橡皮艇、游泳衣、生姜、干海马和其他很多从香港和台湾进口的既便宜又好看的小玩意。我喜欢到那个店去,因为每次周夫人都会给我看“中国的新东西”。在我闲逛时,她会给我一块糖,我倒更想给我糖的是她7岁的女儿——我和她会相互打量，而我总是在那里多待就是为了看她。在她的诱惑下我花光了自己的零花钱，甚至问我妈妈能否借用以后的零花钱到周家店里去买东西。显然，为了买中国的东西我宁愿负债。

1957年秋，学校开学了。老师带着我们一年级的同学去城里的公共图书馆办借书证，我们可以借任何自己喜欢的书在家里看两个星期。我借出的第一本书不大，翡翠色布封面，浮凸的金色书名——《孙中山与现代中国》。看到这本书，我想起了我妈妈和周夫人对我讲的她们觉得我该知道的有关中国的两件大事：一是如果从地上一直往下挖，到头出来就是周夫人的家乡中国；二是吃饭不能剩，要把盘子里的饭吃干净，因为中国人在挨饿。读这本书时，我才知道孙中山的夫人宋庆龄和她的两个姐妹——蔼龄和美龄，曾在佐治亚州梅肯的卫斯理安学院上学，那儿距我家开车只需两个钟头。

后来，做了历史和政治学教授以后，我生活在欧洲，在丹麦的哥本哈根大学工作，好几次去中国访问和工作。我第一次去的是上海，在2005年，待了两个星期。在2006—2007年，作为富布莱特杰出教授在中国待了一年。从那时起，我曾在中国内地、香港、台湾和澳门的27所大学讲学。在大陆的上海、西安、汕头和珠海（两次）分别待过半年，目睹了中国的巨变。由于我研究的是历史和政治领域，我也是从比较的角度来看中国的变化与美国的发展的。

"五千年？更像是五分钟！"2007年我在华东师范大学任教时我的一位研究生说。那是在北京奥运会的前一年，距让世人瞩目的上海世博会还有三年的时间。从教室的窗户看出去，有一座5米高的毛主席石膏塑像，他举着右臂，像个老爷爷一样在挥手。"我们不想回顾过去，我们想的是将来的强大。"我的另一位研究生说。

在我的美国思想史课上，我一直在讲绿色理论，和学生们讨论能源危机、环境保护以及对古建筑的历史性保存。这些运动在全球的呼声很高。2006 年，美国前副总统戈尔因其电影《难以忽视的真相》对全球生态危机的警示获“学院奖”，并因其对加强环境保护的呼吁在 2007 年获诺贝尔奖。中国在制造业、太阳能利用和风能方面走在世界的前列，在净化空气方面的标准和举措也一直颇受关注，目前已开始实行新的无尘采煤法。

但中国和美国依旧是二氧化碳排量引起全球关注的国家。我将中国的情形与 20 世纪 70 年代美国有过类似问题的大城市比对，美国仅是在电影《迫切的危机》(*A Clear and Present Danger*, 1970 年) 中将空气污染对健康危害凸现出来后才开始着手净化空气。美国花了 10 年的时间使空气质量有了提升，又花了 20 年时间才使蓝天和清新的空气返回人间。2008 年的奥运会在北京举行时，世人的目光都聚焦在了空气质量上。

在城区改造这个话题上，大多数国家似乎都选择以旧换新，美国在其发展壮大的过程中，夷平了许多历史上的建筑。多年来，世人一直在抨击美国只顾发展而不顾资源和环境保护。英国社会学家库克说美国的开发商有破旧立新的“恶习”。美国社会学家范恩 · 伍德沃德将这种毁坏称之为“推土机革命”。

中国的城区改造，随着发展和壮大，建设和毁坏紧密相连。比如，在有历史遗址的地方，古建筑随着有商业利益的购物广场和住宅区的出现而消失。我在班上和学生谈现代住房的需求和怎样在提高人们生活标准的同时保护文物建筑。大国在环境问题上很谨慎，因为每个国家要想提升自己的软实力，就要平衡现代化和资源之间的关系。20 世纪 70 年代和 80 年代初的美国，在环境保护专家和资源保护学者的呼声没有影响到政府的政策以前，美国人失去了成千上万的宝贵历史建筑。

那天的课后，两个学生陪我去市中心观光，他们都只有 22 岁。在人民广场附近的明天广场金威万豪酒店高耸入云的大厦影子里，哈根达斯冰淇淋店的旁边，我们走出了星巴克咖啡。我走在两个学生中间，一切都能看出与外国的合作在影响着中国文化。其中一个学生叫周巍巍，她的英文名字“伍尔芙”[①]，她选这个英文名是为了好玩和吓唬别人。我问她为什么在课堂说“五千年？更像是五分钟！”

伍尔芙是青年文化国际化的一个活生生的例子，下身穿全球流行的CK紧身牛仔裤，腰身很低，后腰上的小鸟文身部分露在外边。上身是更紧身的粉红色T恤，银色的英文字母“PRINCESS”（公主）耀眼地一溜横凸在胸前。伍尔芙在ZARA店买了双厚底凉鞋。她正忙着用自己的苹果手机给朋友发短信，说话的时候，头上短硬的马尾辫甩来甩去。她就是西方时髦和青年文化的活广告。

伍尔芙听到我的话，从手机上抬起头来。“我不知道，”她说，“但我认为邓小平在继往开来的基础上强调改革是对的。”她指着我们周围的高楼大厦说：“这一切不是很壮观吗？”

从小玲的英文名叫安吉拉，因为这个名字有淑女和美妙的意思。她说她不喜欢“伍尔芙”这个名字，接着又说：“我只想1990年以后的事，真的，以前的不再想，我为今天活着。”她抚弄着脖子上的银项链上的金十字架。我问她是不是基督徒。

“不是，我很传统。我是说我觉得没有什么，只是觉得这个项链很时尚，或者至少是很新颖，所以就买了一个。我父母看不惯，但我觉得也许很吉祥。那是我去年在哈佛大学做交换留学生时买的。”

安吉拉的头发和伍尔芙一样浓黑，也是马尾辫，只不过稍微长些，扎着从巴宝莉买来的格子丝带，丝带一直垂到了腰。她穿着宽松的须边牛仔运动短裤，脚蹬从浦东的H & M店买来的黑高跟鞋。她为了保护光滑的肌肤不受日晒，总是打着伞走。安吉拉的声音很温柔，脑子胜过电脑。

---

① 伍尔芙，英文为“Wolf”。wolf本意为“狼”。——译者注

今天，她没有穿连裤袜。

离开人民广场，我们穿过商业街向外滩走去。20年前，上海只有197座摩天大厦，除了暗红色、有漂亮装饰的上海国际饭店外，其他的建筑毫无特色。今天，这里有3 000多座灯火闪烁、亮丽如银河系及让纽约、巴黎和伦敦也嫉妒的摩天大厦。“推土机革命”在这方面一直很成功。

除了玉佛寺和有院墙保护的老修道院公寓，来上海的游人很难找到150年前的老建筑。从2007年起的三年里，为了世博会的准备工作，许多以前的旧建筑被炸毁。我说我感到很悲哀，我内心的历史感让我觉得应该保留这些古建筑。伍尔芙和安吉拉笑着说，我们眼前所见才是真正的中国。

新一代的青年人似乎对历史建筑被毁或是被建筑工程师改造一点儿也不惋惜。经济奇迹和飞速变化的节奏让他们眼花缭乱，举世瞩目让他们得到启迪。在过去的20年里，中国一直沐浴在青春的温泉中——这个国家一反成长的程序而返老还童，走到了更加年轻和鲜活的今天，而不是像有些国家，如美国和欧盟的一些国家，正在从青年走向暮年。即便如此，中国的学生还是把美国看作是一个诞生在现代，追求青春、速度、变化和疆域的年轻国家。因为美国是世界上第一个“现代”国家。作家斯泰恩说美国活在20世纪的时间比任何人都长。不久，我们就会说中国活在21世纪的时间最长。

伍尔芙已意识到了这一点，“美国属于昨天的现代，而我们属于明天的未来，”她说，“这个世纪是我们的，难道不对吗？”“这就是为什么我们不沉迷于过去，”安吉拉说，“我们没有忘记那个我们称之为‘屈辱的世纪’，但我们现在强大了。”显而易见，对伍尔芙和安吉拉来说，前进的机遇在于不忘过去。孔夫子受人敬仰，但却并非人人都循其道而行之。

我们接着走过了真丝大王步行街店，其对面就是意大利名牌杜嘉班纳的王国。

在“真丝大王”购物的大都是上了年纪的外国人，其他的人都挤在杜嘉班纳。街头小贩追着欧洲人，在其面前晃着山寨版的劳力士（手表）、雷朋（眼镜）、手提包和光盘，喊叫着“很便宜，要不？”我的两个威武的女保镖赶走了缠着我的小贩。

“唉，你们美国人只想看到旧中国。”安吉拉指责说。

我不赞成这一点，但我承认我想看“丝绸之路”和我能找到的有历史价值的一切。景德镇的瓷器和苏州的石桥在我脑海里掠过，当我默默无语地站在那里时，在我脑海闪现的是电影《色·戒》《伯爵夫人》和《卧虎藏龙》。

“我的国家是超现代的，”伍尔芙说，“我也一样，也许是你们已成了西方的老人。”我想到了超高的金茂大厦，好似美国 NBA 篮球超级明星姚明一样耀眼——在其顶层的观景台有一幅与之相映的姚明真人版招贴画；还有更高的东方明珠塔，其紫色的球体晶莹夺目，闪亮的发射天线高耸入云；还有更高的，名字就凸现着自豪的上海世界金融中心大厦。推土机、巨大的黄色塔吊和成千上万的民工与建筑师打赢了这场建筑战，在用未来取代过去。

我想，难道是该突破五千年文明这个命题，专注于未来软实力了吗？在本文中，我欲将美国和中国的发展过程从几方面加以比较。中国眼下所发生的一切对历史学家来说太熟悉了。大家可以自己去判断我的比较是否站得住脚。

中美两国共同点多，差异处少。从这一点出发，当代中国所发生的事可以和美国历史上的四个阶段相提并论，即清教徒时期、镀金年代、20 世纪 60 年代和 21 世纪。1620 年，英国的清教徒到达美洲，在马萨诸塞建立了殖民地。清教徒们惧怕失败，也知道自己的一举一动引人注目。他们建起了波士顿，称其为“山巅之城”，他们既自豪又担忧，因为“世人的眼睛都在看着我们”。①

在过去的20年里，中国成了“山巅之城”，“世人的眼睛都在看着她”。世界各地的报纸头版每日不刊登中国消息的已经很罕见，有关巨龙崛起的最新消息充斥着报纸、期刊和互联网。中国人知道自己的一举一动都在世人的注视下，并会立刻传遍世界，因此让人感到北京的一举一动都会遭到世人的批评。然而这并非实情，常常是赞扬声一片，世界就是对这个新灰姑娘——新大国，颇感兴趣。

龙与鹰有其相似的发展时期，清教徒模式在今天的中国就很眼熟。但奇怪的是倒过来了：鹰虽然年轻却发展得较早，怪兮兮的显得比有古文明、在21世纪快速发展的龙老。年轻的（美国）像个西方老人，古文明（中国）像新灰姑娘。如果这样看，伍尔芙的观点绝对正确：“五千年？更像五分钟！”

清教徒在殖民地把很强的职业道德和资本主义的精髓发扬光大。现在，我们看到“中国特色社会主义”使龙成为全球经济的新引擎。在美国，清教徒坚持遵守国家法律，人人和睦相处。他们不能忍受别人扰乱社会秩序，如大声喧哗，也不能忍受有人有组织地反对从“山巅之城”的先辈们传递下来的律法。清教徒认为如果反对派将人分割为不同的利益集团，自己的实验就会功亏一篑。他们坚信努力工作和否认自我能提升人类进步和幸福指数。在其实践的过程中，清教徒否认现在被称之为“人权”的东西。巫师被绞死，不审判就关押人，邪恶的罪犯被处死。美国现在依旧是世界上最积极地执行死刑的国家之一，其根源在清教徒。

① “山巅之城”（a city upon a hill），“世人的眼睛都在看着我们”（the eyes of the world are upon us），这两句话出自清教主义的领袖人物约翰·温斯罗普（John Winthrop）引用《圣经》中的典故做出的预言：“我们将成为整个世界的山巅之城，世人的眼睛都在看着我们。如果我们在实现这一事业的过程中欺骗了上帝，如果上帝不再像今天那样帮助我们，我们将成为世人的笑柄。”——译者注

清教徒相信每日所发生之事具有宇宙意义。比如，一头牛死了，一座房子塌了或者是发生了地震，那都是上帝或魔鬼之手在操纵。在当代中国，迷信让人选择幸运数字："8"是有钱财的，因而越多越好；"4"是不祥的，与"死"同音——比美国人认为不祥的"13"还要不吉利。在中国，人们相信人的出生年月日意义非凡。

2012 年是龙年，根据中国的农历，每 12 年龙来一次。龙是变革的象征，而变则有好有坏，无法预知。也许观察变化的最佳地是湖南省名副其实的龙山周围，那里有 1 800 个 24 小时营业的网上咖啡店把中国的网民连在一起。几百万受过教育的年轻人在网上为自己的工作前程担忧，他们为了获得较高的社会地位，抵制任何薪水低于自己期望的被边缘化的工作。除了这个受过教育的群体，还有贫穷的农民和受教育少的人，这些被边缘化的人都有可能是社会稳定的隐患。这一点人人皆知。

中国的领导人很清楚，在国内要保持社会稳定，特别是在应对越来越多的社会服务中，呼吁民族感很管用。这里的很多穷人去了深圳和其他东部的城市，在那里的工厂、工地或服务行业打工。成千上万的人住在集体宿舍，长年累月地打工，把挣得的钱寄到乡下养家糊口。据韩连超估计，在 2010 年，这些打工者从东部城市寄回的钱有 7 亿元。

在美国历史上的"镀金年代"，即便是在全世界越来越关注美国在经济和军事上的突然强大时，美国的政治家也在强调国内的稳定。他们每天醒来想的第一件事是国内问题，而不是国际大事。领导者知道，放眼全球首先要安内。

大家知道，国内的得失与在国际舞台上的力量得失息息相关。比如，在 2012 年的新年讲话中，胡锦涛主席说中国要加强"文化建设"。胡主席还在一篇文章中说，"谁占据了文化发展制高点，谁拥有了强大的文化软实力，谁就能够在激烈的国际竞争中赢得主动"。

拥有吸引人的文化与吸引人的民间社会是相辅相成的。很明显，在21世纪要想使软实力起作用，那就要提高国内人民的生活标准，显示出这是一个值得人仿效的社会。迅速便捷的通信网络，使人们可以轻松地通过手机和电脑发送消息，世人在关注，中国每走一步，热情或常常是嫉妒的国际媒体都洞察秋毫。有评论者说电讯联结起来的新国际民间社会的出现，会使一个国家的国内民间对话逐步被淘汰。

在17世纪的美国，清教徒领导人约翰·温斯罗普呼吁社会秩序，坚守家庭的层次结构而不是个人欲望。温斯罗普和他的人民勤俭、苦干，攒了不少钱，提高了人们的生活水准。清教徒信奉团体精神、勤劳、节俭和教育是发展和壮大的主要因素，在1636年，清教徒筹建了哈佛大学。从那以后，美国建立了几千所大专院校，使其今天拥有世界上最强大的科研和发展体系。到2012年，全美共有6 000所大专院校。中国当然也信奉这是成功的要素，一个证据就是学生在增加，成亿地拨经费使大学现代化和建设新大学——仅过去的10年就新建了600所大学。

美国的清教徒认为阶级区分很自然，有的人地位高，有的人地位低，但不论地位如何，都要接受领导，遵守秩序。中国越来越严重的贫富不均逼迫人们呼吁和谐，而儒家思想是和谐的脊梁。温斯罗普深知统治地位的重要，也赞同儒家的“君君、臣臣、父父、子子”的思想。

正如美国的清教徒时期与21世纪的中国有相似处一样，另外一个被美国人称之为“镀金年代”的时期也不例外。注意，这个词是“镀金”，而不是“金色”。美国的“镀金年代”（1877—1900年）始于内战结束后，其标志是经济飞速发展，从农业转向工业和制造业。工人在新的工厂里长时间地劳作，薪水很低，生活条件差，睡在拥挤、不卫生但让工头好控制的宿舍里。在实业人士赚钱第一、环境第二的思维下，环境污染极为严重，空气质量差，水质恶劣。游客到美国的城市后，总是说美国人是世界级的吐痰家，咳嗽一声，把痰从肺里咳出来，一口吐到人行道上，到处都是。

由于没有限制商业活动的条例，美国的私人财富疯狂膨胀，赚钱一大笔，花钱似流水。公众称政治家和富有的工厂主为“掠夺大王”，富人称自己是“实业政治家”，正在为建设一个经济强国而努力。街上到处都是欧洲作家的小说——没有版权，不给出版商付知识产权费的盗版书。英国政府抗议这种对知识产权的滥用，但盗版依旧猖獗。

在美国的西部，政府在与宣称领土属于他们的印第安人打最后一仗。除了基督教新教，美国人对别的宗教概不容忍。中产阶级在壮大，随着欧洲移民潮的到来，全国人口急剧增加。美国建立了自己的海军，不久便可与英国和德国抗衡。这一时期发生了三次大的经济萧条，动摇了资本主义的基石。

在当代中国，有“镀金年代”的回响。经济奇迹使中国超过德国成为世界第一大出口国，超过日本成为世界第二经济强国。预计到 2018 年，中国的 GDP 将超过美国，成为世界“老大”。2010 年上海世博会显示出中国越来越强的实力，这不禁使我想起了 1893 年在芝加哥举办的哥伦布世博会。当时的美国还在展示自己的工业，上海世博会庆祝的是中华人民共和国诞生 61 周年。芝加哥的世博会虽然比 1492 年哥伦布发现美洲大陆 400 周年晚了一年，但仍称之为哥伦布世博会。在那次世博会上，美国向世界显示其在技术上超过了英国。而人们还清楚地记得，在 1851 年伦敦的水晶宫世博会上，英国显示的是自己“镀金年代”的实力。

因此，现在是瞩目中国“镀金年代”的时候了，上海世博会一位组织者的话显示了自己的爱国心，“只有我们能举办这样的世博会……我们想让全世界都来羡慕我们的成功”。世界上几乎所有的国家都在上海市区的黄浦江畔建了自己的国家馆，全世界都来为中国喝彩。具有象征意义的是，本次世博会开幕于一年之中最有共产主义意味的 5 月 1 日国际劳动节。上海世博会为中国近年来的三场大事——2008 年奥运会、2009 年国庆 60 周年和 2010 年世博会——画上了圆满的句号。这三件大事，将“灰姑娘”推到了媒体的强光下，中国的每一处都显示出了其勤劳、超越自我以及重视教育所带来的成功。

在美国，“镀金年代”的标志是地方官员的崛起，这些官员大权在握，为人说情，命令银行给私人项目贷款，掌控警力。而这些人又掌控普通百姓，当然也为自己捞了大量财富。世人也见识了小企业的创业精神，有人看到并抓住了机会。在美国，百万富翁层出不穷，富人更富。太多的新产品从工厂里涌出来，美国成了“显眼的消费者”，买就买最时尚和最贵的，不论是昂贵的手提包、鞋、房子还是马车（当时还没有汽车，要是有人人也都会买的）。

在中国，我们同样可以看到这一切。到处都是高档的购物店，每年售出的外国汽车让修高速公路的人都很难想象他们修建的道路能容纳那么多汽车。与美国一样，中国“镀金年代”的标志，也是大量的人为了工作、教育和更好的机遇，从农村涌入城市。

大学里越来越多的学生不希望到贫穷的省份去，而把自己的命运寄托在大城市的摩天大厦上。很多人只是在春节、婚礼或葬礼时回家，有人希望能把父母接到城里来。创业精神在个人理想家和跨国合作的资本家那里一样高涨。在广州的经济特区和其他地方工厂林立。森林被砍，煤矿滥采都是为了经济的增长。因为追求速度和效益，管理条例和措施跟不上，煤矿常常很不安全。而五星级的酒店里满是坐奔驰、宝马或保时捷而来的新暴发户。中国在变富有，人们生活得比 30 年前好多了。要是邓小平还活着，看到这些变化，他会重复自己的座右铭：“贫穷不是社会主义，致富光荣。”

正如在“镀金年代”的美国，到 1900 年，劳工（大多是中国人）铺设了

258 000 英里的铁轨，占世界铁路总长的三分之一，能横跨美国 80 次。铁路再一次在中国时髦起来，要运输大量的制造产品给国内的买家，或将出口的产品运到港口，铁路必不可少。今天，中国分布广和现代化程度高的铁路系统正在和时速达 300 公里的高铁衔接。这种服务已经把北京和上海连在一起，然后向南延伸到香港，在 2012 年 8 月把中国的三大经济神话连在一起。

2006 年，北京至西藏的现代化铁路完成通车，全长 3 500 英里，将东部的大都市和西部的省份连在了一起。与其相似的另一条铁路将东部的城市与西安连接起来，又从西安延伸到新疆的乌鲁木齐和喀什。

在 1886 年，美国政府军攻下了阿帕奇之战的最后一个据点。美国东部城市的公民通过早在 1869 年就建成的横跨大陆的铁路，再次开始在西部安家。在中国，铁路也一直起着相同的作用。

"镀金年代"的美国，一度很强调陆军和海军的现代化。到了 1900 年，美国的海军仅次于英国和德国，位居世界第三。那是帝国主义时期，美国在 19 世纪 90 年代与西班牙开战，占领了菲律宾、关岛、波多黎各等地方。美国人没有殖民，但为了重要的贸易和原材料资源，花在外国首都的钱可以上升到经济殖民。美国商人开始在国外开工厂、建油田，并派美国人到国外工作。

中国的"镀金年代"，其标志也是在强调军事力量的储备和现代化。太空计划和新的海军部署，不仅是为了防御海岸线，而且是为了显示实力。中国的投资，不论是直接投资，还是政府和公司合作，利用租赁关系运用国外的原材料，派人到国外工作，到处都是中国的建筑工人，这一切和美国在 100 年前时的发展太相似了。

几乎各地的工人工资都提高了，工人们已开始组织起来要求更高的待遇。在美国的"镀金年代"，人们要求加薪，改善工作环境，制定安全条例，获得更多的尊重。如果发生在美国“镀金年代”时的一切，被认为是经济快速发展与人们膨胀的期望以及更多的机会碰撞的产物，那么中国将会面临更多的企业主与劳工之间的战略碰撞。这些碰撞将会使社会更和谐，发展更快。

当“清教徒时代”与“镀金年代”在当代中国并存的时候，中国也还同时在经历“20 世纪 60 年代”的美国。随着财富的增加，汽车文化在发展。高速公路、桥梁、停车场拥挤不堪，加重了市区污染。汽车文化导致其在郊区和城市边缘的家庭拥有量上升，对石油以及燃油贸易市场的稳定依赖在加剧。1961 年，美国总统约翰·肯尼迪号召美国人“不要问国家能为你做什么，要问你能为国家做什么”，他激励人们要奉献，唤起了人们的爱国心和民族感，此举曾帮助美国这个超级大国在“冷战”时期对抗苏联这个超级大国。肯尼迪也许诺在 10 年内实现登月计划。1969 年 7 月 20 日，目标达到，宇航员尼尔·阿姆斯特朗将美国国旗插在了月球上。

对于中国，民族感面对的是让世人认可其大国地位。这只巨龙无处不在，与其他国家签订双边关系合约，参与联合国“维和”任务，其海军护卫商船途经索马里海盗出没的海域以及霍尔木兹海峡，在非洲和南美建了很多工厂。另外，中国为了国防和科技的发展，也没有忽视探索太空的重要性。

中国“独生子女”政策下长大的一代与美国 20 世纪 60 年代的孩子一样，当时的美国人比以前的任何时候都富有，花钱很大方，让孩子享受快餐、穿新衣、有新收录机和电视，甚至有自己的汽车。这是“自我的一代”，上大学的人数比以前都多，以前没有人这样说真话，他们在婚前就尝试性自由，其言辞和理想与父辈截然不同，要是其父辈能理解他们的变化就好了。老一辈的美国人无法接受如此快的变化，力求稳定和平衡，而年轻的一代则追求时尚和国际潮流。

显然，中国正在体验与此相同的青春活力。除了以前的社交能力，现在的手机、电脑和互联网，正在使中国走向经济繁荣和世界大国的地位。这也帮助中国的“自我一代”见多识广，更加自强。正如20世纪60年代的美国，性解放泛滥，虽然在传统的道德观念和随处可见的广告牌、电影中的新现实之间颇受煎熬，但伍尔芙和安吉拉都曾暗示这是挡不住的诱惑。

从中国的年轻人与自己同龄的国内外学生的互动中，很容易看到其举止在最近10年来的变化。我的中国学生很善良，也很有教养，他们尊重自己的父母亲，但同时也发誓不愿再受儿时和上一辈人的约束。随着越来越多的中国人出国旅行、在跨国公司工作、在国外上大学、进入政府公务员序列并和全球的其他文化互动，他们变革中的欲望将会帮助自己和国家向2008年北京奥运会的口号“同一个世界，同一个梦想”迈进。这句话是21世纪正在高涨的世界大同主义的鲜明例证。

当然，雄鹰与巨龙经历的都是自己版式的“清教徒期”“镀金年代”和“20世纪60年代”。即便是我们对历史中的细节和其他因素有争议，但他们仍拥有共同的基础。美国人在长达400年（从1620年起）里经历了这一切，而中国只是在一瞬间就走过了这一历程，只有30年（从1979年起）。这就让美国在这方面成了“老手”，而中国是“新手”。两个国家都以大国的政治模式在竞争与合作，美国的历史证明：中国在同一问题上采取的措施——不论好坏——与美国在其发展阶段的反应是一致的。

在21世纪，到处都是富有民族自豪感、颇似20世纪60年代“镀金时代”的“中国清教徒”。世界面临未来的冲击，为中国的发展速度而不安。相对古老的欧洲和亚洲，美国人一直标榜自己是“年轻的美国”，现在我们可以听到“年轻的中国”和“一个有中国特色的世界秩序”的呐喊。2008年的北京奥运会证明，中国运动员在夏季的比赛上能获得金牌第一，中国人在力量、篮球、舞蹈和跳水中舒畅地推进人类的进步。大家都期望中国足球队能在不久的将来突然捧走“世界杯”。

让我们回到2007年，在上海的外滩沿黄浦江散步时，我和我的学生伍尔芙与安吉拉望着对岸的浦东，那里的城市风景无与伦比，世界上最高的三座建筑将在不久迎来2010年的上海世博会。我现在相信伍尔芙用五分钟来代替五千年文明这个口号是对的。在这个活力四射、全球化的世界上，年轻就是一切。我也认为没有必要像我妈妈在1957年对我叨叨的那样，一直往下挖，掘穿地球把美国和中国连起来，因为我们有相同的经历，谁老谁年轻在于前景。在2012年，年轻的中国灰姑娘将和西方老头翩翩起舞。

2. 饮白酒，观“湖人”

——习近平征服美国

2012 年，在国内和国际范围内，巨龙与雄鹰至关重要的领导地位将受到挑战。在全球舞台上，眼下人们最关心的是：中国和美国能否为将来的几十年建立一个稳定的世界秩序？大国之间的竞争，或不幸的误解是否会使 21 世纪初两个最有影响力的国家的关系恶化？中国换上年轻的新一代常委，即从 1949 年以来的第五代领导人后将会如何？美国是民主党总统奥巴马再执政 4 年，还是会被共和党的挑战者在 2013 年取代而改变美国的政策？2012 年 2 月，习近平副主席对美国为期 5 天的访问让我们有机会来思考这些问题。

中国的迅速崛起是人类历史上最显著的经济成功范例。仅仅在 40 年前，这个国家还深陷在“文化大革命”的政治旋涡中。1972 年，尼克松总统和毛泽东主席及其助手美国国务卿基辛格和中国总理周恩来在北京会面，震惊世界，开始了中美关系和贸易的正常化。7 年后，邓小平和卡特总统开启了两国文化交流的大门，并建立了更为牢固的伙伴关系。1979 年 2 月，邓小平访问美国，这是 30 年来中国的高层人士第一次访美。在得克萨斯州观看斗牛表演时，邓小平戴了一顶很大的白色牛仔帽。全世界的电视台和报刊立即用这一形象显示中国的领导人是一位妙趣的真男子汉。邓小平的一个简单动作使其在后来的10年大受美国人喜爱，直到1989年两国关系再度紧张。然而，不论中美两国的关系是否紧张，中国和美国不久便成为“中美国”[①]，两国携手改变了世界秩序。

现在，中国领导人在西方提升影响力已很平常。习先生曾5次访美。1997年，举止平易近人的中国前国家主席江泽民为了加强两国的合作，参观了纽约证券交易所，并为当天的开盘敲钟。后来，他还用英文朗诵了林肯总统著名的《葛底斯堡演讲》，这不但提升了他在美国老百姓中的威信，也促进了两国之间的贸易往来。在近10年来，人们看到胡锦涛主席和前总统布什以及现任总统奥巴马接触也十分频繁。

遵循这一传统，习近平副主席率领一个200人的代表团访美5天，中国和世界各地的媒体都想借此机会一睹习先生的领导才能：他会成功还是失败？在中国的“核心问题”，包括西藏、台湾、新疆和南海问题上，习先生立场坚决。但同时也在推动友谊和进步，其立场是友好的，他知道中国的国力发展速度让美国人不安。但在2012年的美国总统竞选中，奥巴马总统和共和党候选人公开抨击中国的政策，似乎没有人对中国“心慈手软”。

很多政治家利用习近平访美，在日常争论的问题上大作政治文章，最骇人听闻的是共和党候选人米特·罗姆尼。他指责奥巴马总统在龙面前很软弱，在罗姆尼看来，鹰需要更强大的军事力量，为了阻止中国称霸不惜发动经济战。习先生知道罗姆尼的大多言辞不过是政治家不择手段的恫吓，罗姆尼只是试图让美国人相信自己并为自己拉选票，然而他的“狠

---

① 中美国：即Chimerica，由美国哈佛大学著名经济史学教授弗格森（Niall Ferguson）和柏林自由大学莫利兹·舒拉里克（Moritz Schularick）教授把英文的China（中国）和America（美国）放在一起创造出的一个新词，称中美已进入共生时代。——译者注

话”未能改变美国公众对中国的民意。

但选举战才刚刚拉开序幕。

2012 年的一项民意调查显示，美国人普遍对中美关系持乐观的正面态度。63% 的人认为两国关系是“友好”的，更有 13% 的人认为两国是“同盟”，而 17% 的人认为中国“不友好”，仅有 6% 的人认为中国是“敌人”。美国人最关心的是与中国日益增加的贸易不平衡和中国日渐强大的军事现代化。

美国历史上的第一位华裔女议员，来自加州的国会议员赵美心说：“我认为习副主席显示出的政治才能确实令人振奋，他似乎很熟悉美国文化，他是在想和美国对话。”然后，她说：“有一些政治家和评论家利用这个机会在造势，但这并不是真相。中国在大量出口，美国也在大量出口。实际上对美国来说，中国是出口量增长最快的一个国家。”

习先生在美国受到的礼遇很高，没有哪个国家的副主席有如此高的礼遇。由于第一次会晤是在 2 月 14 日，因此好多人问龙与鹰在“情人节”的会晤是不是很浪漫。会面不浪漫，但却很友好。面对媒体是惯常的政治演讲，习近平和奥巴马各自提出了有争议的“平常问题”。奥巴马提到了和胡锦涛主席 9 次有建设性意义的会晤。他说：“过去 3 年来，我有很多机会和胡主席加深我们的工作关系。我们还需为取得进展继续努力，要认识到基于共同利益和互相尊重的合作关系不仅符合美国和中国的利益，而且符合该地区和美国的利益——符合全世界的利益。”他说自己相信，“一个强大、繁荣的中国有助于为地区和全球带来稳定与繁荣”。新闻发布会结束后，习近平副主席和奥巴马总统进行了长达 90 分钟的个人会晤。值得注意的是美国总统为了表达敬意，在“椭圆形办公室”会晤了习先生，这个地方一般只接待最亲密的盟友。此次会晤的细节现在还无人知晓。

习先生在美国最高权力者那里很有“面子”，他与美国国务卿希拉里会谈，会见了很多政界名流，包括美国的前三位国务卿，其中一位是1972年促成毛泽东和尼克松会晤的亨利·基辛格。

美国防部长莱昂·帕内塔和最高军事将领马丁·登普西将军(美军参谋长联席会议主席)陪同习先生参观五角大楼，并鸣礼炮19响。这也是很高的礼遇，通常只为美国最亲密的盟友举行。国会和共和党还在讨论美国军事力量在亚洲的增加，中国和美国有必要加强两国之间的军方往来。习先生曾抗议过美国的军备建设，胡锦涛主席将美国的这一行动称为在中国的周边建了“一道屏障”。奥巴马和军界的将领认为这一转向“会加强美中合作，有助中国和平崛起”。但两个大国亟须对话和开展军事合作。

大多数的会谈都是在和副总统拜登谈，他与习先生在华盛顿和洛杉矶在一起的时间超过了10个小时。大家都知道，拜登先生为人坦率诚实。他对媒体说，在和习先生的私人谈话中，习先生“非常、非常的直率，他绝对敏感。要是我们政见不一，他就会表达得很清楚”。国际社会一直抨击中国在谈判中无诚意、不透明，因此，媒体对习先生的坦率和直接给予的报道，使美国民众在合作和对峙问题的辩论上更加倾向奥巴马，而不是罗姆尼。习先生说他与拜登的“私人友谊很好”。

一般人们把美国描述为一个“移民国家”，这里的每一个人，不论种族、民族或来自哪个国家都有机会。有时这个国家也被人说成是“国之精英”，意思是说所谓的美国，是由世界上移民到美国工作、学习和创业的其他国家的人建立起来的。成功的“美国梦”和人人机会均等的“美国信念”可概括一切。

理解美国和其他国家的不同，主要在于其形形色色的移民历程。因此，1979年中国开放后来美华人的成功故事在美国作家的笔下涌动。美籍华人常常被誉为美国所有移民中的“模范族裔”，赢得此誉是因为中国人天性有很强的职业道德，重视家庭和教育并遵纪守法。这个模范族裔不只是在助美国一臂之力，毫无疑问作为其母亲的中国也受益良多。美籍华人在所有的少数族裔中收入最高，美国最有名的常春藤大学中的佼佼者也是华裔，这一事实从正面证明了中国。这对国家之间的双边外交也有推动作用。

比如，最近大受欢迎的是一位叫林书豪的年轻人，其因球技一跃成为中美球迷的偶像。在2012年2月1日以前，没有几个人知道他。他所效力的“纽约尼克斯队”已连输11场，排名在其之上的3个队友受伤或生病，这让林书豪有机会一试身手，从而一举成名。林书豪在前6场赛事中的得分在美国NBA历史上前所未有，也就是说他超越了科比·布赖恩特、乔丹、魔术师约翰逊和姚明。与身高7英尺6英寸的姚明不同，按NBA的标准林书豪并不高大，他的身高反而更显示出常人能胜过巨人。美国人就是喜欢在逆境中成名的人，世人亦是如此。

全世界为“林来疯”①而狂，想让其成为自己的“情人林”②，并将其描述为自己的“林哥哥”③，成千上万的“林迷疯”④视其为偶像。作为一个美籍华人，林书豪靠自己的努力实现了梦想。另一点引人注目的是，林书豪是哈佛大学的高才生，来自台湾，祖籍浙江省嘉兴市平湖。大家都知道中国人爱篮球，好多球迷为了表示自己对“洛杉矶湖人队”和超级明星科比·布赖恩特的喜爱，穿印有“湖人队”的T恤。2012年2月6日“洛杉

---

① 林来疯：即Lin-sanity，是“林迷”用英文林书豪的姓Lin（林）和insanity（疯狂）杜撰的一个新词。——译者注

② 情人林：即Va-Lin-tine，是“林迷”用Lin改动英文Valentine（情人节）一词中的“len”而杜撰的新词。——译者注

③ 林哥哥：即Lin-derella，是“林迷”用Lin和英文Cinderella（灰姑娘）一词结合杜撰的新词。——译者注

④ 林迷疯：即Lin-maniacs或Lin-fanatics，是“林迷”用Lin和英文maniacs（疯子）和fanatics（狂热）杜撰的新词。——译者注

矶湖人”对阵“纽约尼克斯”时，就连中国乡下的农民也知道了结果：林书豪独得38分，胜过科比的34分，创造了奇迹。

习先生访美与林书豪的横空出世恰巧在时间上吻合。众人在为林书豪喝彩，而习先生也是一位球迷，他访美5天的每一站都大受欢迎。习先生也知道奥巴马总统每周都打篮球锻炼，奥巴马来自芝加哥，他钟爱的是“芝加哥公牛队”。习先生在访问洛杉矶时抽暇观看了“湖人队”和科比的真人秀，他还会见了传奇人物魔术师约翰逊。这些看似不起眼的举动，如几十年前邓小平的牛仔帽一样极大地影响着公众对这位领导人的看法。美国人不相信僵化、板着面孔和不亲近大众的人。国家领袖与美国大众接触宜从容，不要有架子。要是一个领导人重复迂腐过时的陈词滥调，就会被人们认为是“喉舌”，不合时宜。看篮球赛、会见首都华盛顿特区以外的人，是扩大中国软实力影响的上上策。

在2012年第二期中国的《求是》杂志中，胡锦涛主席强调强化文化产业的重要并认可“西强我弱的国际文化”。胡主席显然知道要和美国全方位竞争就必须提升中国的软实力。提升软实力的最强大武器是通过高层外交的互动，加强艺术、文学、学术、音乐、电影和语言等方面的文化交流。习先生既是领导者又是普通人的魅力让美国人喜欢和尊敬。他的风度和个人魅力架起了一座信任的桥梁，但更受民众喜爱的还是他智慧的判断力和含蓄不张扬的个性。

显而易见，中国在市场经济全球化以及与美国的强大贸易中是不折不扣的赢家。访美期间，习先生说中美友好“是一条奔涌不息的大河，是大势所趋，不可阻挡，不可逆转”。习先生知道前进的路上有艰险，他引用邓小平的话说要“摸着石头过河”。习先生告诉美国人民“经济和贸易中的分歧和摩擦是避免不了的”，而“重要的是中国和美国要更紧密地交流、协调与合作，共同努力，为保持和推进世界的和平、稳定与发展起建设性和责任性作用”。这就是向前的正道。

我们知道，很多中国人觉得美国太强大，富有攻击性。美国应对当下的经济危机负主要责任。这个国家到处开战，在人权、公平贸易和核武器问题上给人说教。其战争经常是非正义的，而其说教对于那些在历史上受过帝国主义压迫的主权国家来说让人不悦和愤怒。我们也知道，很多美国人觉得中国是一个有全球野心的国家，他们认为不久美国的领导地位将会被中国取而代之，这一点让他们很难接受。作为第二次世界大战以来的超级大国，美国人不愿与人分享这一地位。

由于国家之间的竞争，似乎我们未来的5—10年将会非常艰辛。每个中国和美国的学生都知道“黄鼠狼和鸡”的故事。故事中的黄鼠狼为鸡献上礼物和笑容，在鸡接受礼物后，黄鼠狼把鸡抓住吃掉了。因此当奥巴马总统和习先生面带微笑交换礼物时，有记者问怎样才能确定谁是黄鼠狼，谁是鸡？2012年1月，中国外交部副部长崔天凯称大国之间的政治窘境为“信任赤字”。我们期望未来的10年能演绎出一个更美好的故事。

在2012年的美国大选中，许多特殊的利益集团为了自己的目的会打“中国威胁论”“信任中国”或“不信任中国”牌。美国的军方宣称，需要新的武器体系和增加军费开支来应对中国的崛起；美国航空航天局要求增加在太空竞争的经费；企业要求保护关税，使美国产品有更好的销路，并要求减税和降低污染标准；美国工人在抗议中国人抢走了自己的饭碗；外交政策上的现实分子呼吁美国要保持自己的实力地位，而外交政策上的自由分子则利用人权问题、西藏问题和中国在叙利亚和伊朗问题上投反对票，督促美国政府要有强硬行动。政治家打“中国牌”相互诋毁，是因为谁也不想让人觉得自己是在向“龙”低头。

美国的国内政治使中国话题更加沉重，但林书豪的明星效应和习先生的来访让美国人感到心里舒坦。在首都华盛顿特区的正式访问结束后，习先生的下一站是位于美国中部的爱荷华，该州是美国对中国最大的农业出口州，主要出口大豆、玉米和猪肉，其也是美国选举中决定总统人选的第一州。因此在2012年，中国国家副主席的来访，将经济、国内与国际政治糅在了一起。事实上早在1985年，习先生就随一个中国代表团视察过该州的生猪饲养技术（爱荷华州在全美的猪肉出口中领先），此次他想签订新的贸易协议，同时计划拜访老朋友。

这是成熟政治家的智慧之举，通过平民外交提升国家的软实力影响。这让美国副总统也颇多感慨，"此次访问对任何一个外国领袖来说都不平常，特别是一个中国领导人这样和美国大众接触，"拜登先生说，"重访马斯卡廷镇并非我的主意，我们还有很多其他的事。但习先生要感觉和体验，他已准备好向美国人显示中国领导人的另一面"。显然，拜登先生对习先生的外交技巧印象很深。

在爱荷华州的马斯卡廷镇，习先生与1985年结识的17位老朋友坐在客厅里，每一位都在回忆当年的细节。其中谈到习先生在谷仓里发现了一只小狗以及看电影《教父》时的情景。他曾在德沃切克夫家住了两晚，睡在主人儿子到处都是"星球大战"图贴的房间。但最动人的细节还是习先生送给他们的礼物：一瓶白酒。有个人说这是他一生中尝过的最烈的酒。大家都笑了，说那瓶白酒就是他们对中国的第一感觉和味道。习先生说："你们无法想象，27年前你们给我的印象有多深。因为你们是我见到的第一批美国人，对我来说，你们就是美国。"习先生还告诉大家，在他和同事离开时，房东和他"像家人一样，互相深情拥抱"。这就是软实力。美国媒体将习先生的话报道给了留心的美国民众。

在和老友重逢后，习先生去爱荷华州的首府得梅因，和该州州长以及600 名企业家共进工作午餐。他乘机“晒草”[①]（即美国人说的机会来了不放过）参观了城外一家大型家庭农场。里克·金伯利一家五代务农，主要种植大豆和玉米，有耕地 4 000 英亩[②]。习先生参观了农场，并登上约翰·迪尔拖拉机的驾驶室，坐在金伯利家会客厅的沙发上讨论收成和市场。习先生说他确实喜欢这“家一样的环境，远离城市的喧嚣，空气很新鲜”。这位领导人与过去 50 年来的其他中国领导人不一样，能更近距离地与美国的老百姓沟通。

2012 年 2 月 16 日的《环球时报》发表了对萨拉·兰德的采访，他曾在 1985 年见过习先生，现在又与习重逢。萨拉·兰德说，当他们听到习先生要来访时，大家都在网上搜寻他的所有消息，“一下子我们都在读有关他、他的过去和他父亲的文字”。很多美国人都在读他父亲的故事，知道他父亲与毛泽东和邓小平的往事，以及其在酝酿深圳经济特区时所起的主要作用。习近平在“文化大革命”期间，作为知识青年，在陕西省延川县文安驿公社梁家河住窑洞、锻炼 7 年的故事早有描述且任何人都可读到。兰德说美国人认为“他将会是个好领导，强调文化交流和友谊的价值”。显而易见，习近平对每一个见到他的人来说都很有魅力，甚至连一贯刻薄的美国媒体，也开始总结说：他在美国民众面前的亮相不同凡响，很成功。

2012 年 2 月 16 日，习先生在洛杉矶走下中国国际航空公司的飞机舷梯，迎接他的是加州州长杰里·布朗、洛杉矶市市长安东尼奥·维拉莱戈萨和全世界的新闻媒体。在和市长握手时，习先生笑着说：“我遵守诺言。”他指的是在今年一月召开的一个全球经济论坛上，维拉莱戈萨先生

---

① 晒草：即 made hay，出自美国俚语“晒草趁天晴”（make hay while the sun shines），比喻抓住机遇。——译者注

② 1 英亩相当于 6.07 亩。——译者注

曾邀请他访问洛杉矶，习先生答应会去，他兑现了自己的承诺。美国的电视和互联网没有错过这富有象征性的一刻。

加州是中国单项贸易最大的一个州，2011 年向中国出口了价值1 420 亿美元的产品。该州的高科技研发世界领先，也是好莱坞和迪士尼乐园的故乡。另外，洛杉矶还是中国产品从太平洋进入美国的主要门户，2011 年为 1 335 亿美元，占全美进口总额的 40%。中国企业在洛杉矶的投资巨大，2007—2011 年为 2.72 亿美元。还有，加州的人口占美国总人口的 12%（美国每 8 人中就有 1 人住在加州）。

在参观美国最大和最繁忙的港口时，习先生对中国轮船控股公司新港的建设与发展感到激动。习先生说："到这里，看到大家聚在一起我感到很受鼓舞。"此后，他宣布和好莱坞电影大腕斯皮尔伯格及其梦工厂动画签订新合约，在上海建一个新工作站，制作"功夫熊猫"式的动画片。在洛杉矶的一所汉语学校，他用汉语和学生交谈，回答了学生们的提问。如在爱荷华州一样，习先生在向学生展现自己的幽默和对美国文化的了解。再之后，他观看了"洛杉矶湖人队"和"菲尼克斯太阳队"的比赛。习先生的一言一行、一举一动都在中美两国人民和政治家的注视中，他的举止坦然且自然。

习先生以平常心的姿态访问美国很成功，美国人尊重他对自己国家的热爱。他是一位自信的领导人，珍惜友谊，促进进步。在各种场合自在坦然，有自己的观点，有政治主张，且很幽默。习先生给分析家的印象是一位智者和思想家。

毫无疑问历史是由人创造的，但人无法完全控制事件和他人的行动。习近平先生与奥巴马先生所代表的一切正站在通向未来的十字路口，随着全球化对市场影响的持续扩大，将世界导入一个复杂的、相互依赖的体系，并影响人们的生活，两个国家将会面临巨大的经济和社会压力。

在这次不同寻常的访问中，习先生以在核心问题上坚定的立场、具体事务谈判中强调务实与合作的个性取得了巨大的成功。1985 年就让人回味的白酒以及对“洛杉矶湖人队”的喜爱，让习先生以软实力征服了美国。

第二章

美国言辞中的新“红色恐怖”

3.“中国牌”：大赌注

显而易见，鹰看见龙在崛起。

无论美国是否在衰败，美国人对龙的崛起都忧心忡忡。美国的全球影响在减弱吗？那些认为美国在失去其势力范围的人被冠之为“衰退论者”，他们回首往事，看到的是一个在第二次世界大战中成为超级大国、在1991年赢得“冷战”、在20世纪90年代一时独霸天下的强大帝国。当世界各国迫不及待地接受华盛顿的舆论并讨好这唯一的超级大国时，“美国盛世”昙花一现，由于美国在其军事、政治、经济和文化领域的影响，现在被很多人称为“超级强国”。

“衰退论者”引用的一个事实的确是秃子头上的虱子——当其他大国活动筋骨时，全球进入了一个新时代，美国独霸天下的时代已经结束。从最高处跌下最疼，美国人有些不安了。反“衰退论者”坚信鹰依旧会栖息在最高的树上，爱国者指责“衰退论者”丧失了爱国心。政客则利用这一点叫嚣自己会让这个国家重振雄风。今年美国大选注定在外交政策上展开激烈的唇枪舌剑，我们将会听到更多此类的呐喊。参选者之一，共和党的米特·罗姆尼在指责奥巴马总统使美国国力下滑时说：“我反对美国衰退说……上帝创造的美国不是跟随者。”奥巴马总统不得不一直在强调“国力”，他曾经尖锐地说：“那些告诉你美国在衰退、我们的影响在下滑的人就不知道自己在说什么。”

为了扼住衰退抑或是对衰退的恐惧，鹰紧盯着龙，将其注意力更多地转向了亚太地区。此举是因为美国在伊拉克和阿富汗的持久战在动摇，欧盟忙于应付自身的经济危机和安全问题，中东的局势随着此起彼伏的“起义”仍在动荡不安，而伊朗则离拥有核弹更近了一步，并威胁要关闭至关重要的霍尔木兹海峡，美国面临又一场地面战。

站在上海让人生畏的摩天大楼顶上，望着黄浦江中穿梭的巨轮，任何人都能看出气势在从西方向东方转移。在中国的沿海地区、珠江三角洲以及其和香港的轴心地带深圳和广东，大批的工厂向去过那里的人证明中国在主宰制造业。而要理解这种气势的转移，世人大可不必亲自到中国来，这十几年来，只要读报纸，看电视，打开互联网，大家都可以意识到中国在世界舞台上角色的突出变化。

面对新的现实，龙和鹰将有何举措呢？学者阿拉贡·弗瑞博格极其正确地称美国最新的对华战略为 Congagement（车闸）①，因为美国已失去了超级强国的显赫地位，徘徊在超级大国和大国之间。全球近 200 个国家也正在竭力调整去适应这一变化。全世界的战略分析家在辩论这一切是让大家受益的“中国机会”，还是让人恐惧的“中国威胁”。这当然很正常，也在人们的预料之中。

每有新的力量崛起或旧势力衰退，就会引起全球不安，惹得人们面对新的世界秩序进退维谷。盟友之情遭考验，催生新机构调解争端。要是全球经济好，所有国家都受益，双赢局面当然比较容易，此所谓潮来船高是也。但要是全球经济不佳，所有国家就会从有失有赢和不伤自己利益

① Congagement，是英文 Containment（遏制）和 Engagement（接触）两个词的合用，美国对中国的政策是两手交替使用，一手是遏制；一手是接触。比如，汽车一踩刹车，就遏制了；一抬脚，又接触了。——译者注

的角度去考虑问题,这样任何行动都会对一国有益而对另一国有害。欧盟就是一个例子,以前是大家都受益的双赢模范,现在却陷入了危机,一边是有钱的国家(如德国、英国、法国和丹麦),一边是倒霉的国家(如希腊、葡萄牙、西班牙、爱尔兰和意大利)。导致美国人也相信,对中国有益的,对美国就有害。至少在大选之年,要是你相信一些美国政客的言辞就可能会有此种看法。

全球平衡的博弈既让人兴奋又让人恐惧。赌注太大,谁都输不起。苏联解体的这20年来,"冷战"时期的两极秩序被毁,美国成了没有对手的超级大国。全世界在拭目以待,期待能有让其聚焦的新势力出现。中国和美国有可能形成一个两极秩序,但形成一个很多大国参与的多极秩序的可能性或许更大。虽然战争还在继续,但"和为贵"与"和而不同"将会成为大家共守的主要宗旨。

显然,这个世界需要新的国际架构。2001年9月11日,美国纽约世贸大厦被毁,将美国卷入灾难性的阿富汗和伊拉克战争。2008年的全球金融危机到2012年也无法彻底解决。正如法里德·扎卡瑞尔的大作《后美国时代:他国的崛起》所示,很多国家在崛起。还有学者尼尔·弗格森和莫利兹·舒拉里克所言的"中美国"说,"中美国"是中国货币控制政策、出口带来的发展和挥霍无度的美国人超前消费以及不平衡的美元杠杆带来的全球经济热。正如弗格森所言:"中国提供资金,美国经济过分依赖债务。"对此解释目前尚无人有异议。

从2001年"基地"组织的恐怖袭击到全球金融危机这10年间,美国的新挑战者一直在壮大和巩固实力,而美国对此变化没有任何行动。国际政治中有许多公认的歪理,其中之一就是一个强国总会坚信其处在国际秩序卫道士的地位。而崛起的国家随着自己军事力量的壮大,对市场和资源的占有以及国际交往的发展,会对其地位产生不满。在2012年,我们看到鹰越来越乐于面对21世纪第二个10年里的紧张或者说是冲突四起的岁月，与龙合作和竞争的每一步都在仔细斟酌。由于两国都不想发生军事冲突，在争做“老大”的路上，这一动力将会使两国作为各自区域的大国加速提升多边外交，减缓两个大国之间的紧张对立。

中国与美国的合作或敌对将会是如何呢？有人说可能爆发新的“冷战”，然而正如不可能发生“热战”一样，此说未免过度悲观。全球化的到来、新交往体系的建立、手机及平板电脑的诞生、巨大的社会网络、跨国合作、全球治理，这一切都显示出更多的合作方式。全球治理的趋势在升温，我们不能把全球治理和全球政府混为一谈——没人期望看到一个全球霸权国。全球治理源于21世纪国家之间复杂的相互依赖和大家对大国以及较大国家举动的共识。中国的影响在扩大，美国继续在领跑，深深缠绕在一起的经济潮在未来的一段时间将会像一个锅盖，捂住国际关系这个大火锅。中国领导人在呼吁“和平崛起”，近年来退下来的两位美国总统在强调“建设性接触”，奥巴马总统说“常识呼吁美国”与其他国家“行动一致”。

在世界历史上，没有一个国家像中国这样在30年时间里（特别是在近10年）飞速发展。龙融入世界经济的时机已经成熟，根据金融指标，中国应不再属于发展中国家。中国的现代化速度、千百万人摆脱贫困、成千上万的中小学和大学的建立、吸引外资、在全世界建立贸易网点、加入各种国际组织和其他联盟，包括积极参与由联合国安理会支持的“维和行动”，这一切都让人对中国刮目相看。在将来，中国的军事力量、政治体系和吸引人的文化都将可能是外国人研究最多的领域。但在眼下，其制造能力和赚钱的本事是其成功的象征和现实。2000年，美国的GDP是中国的8倍，而在10年后，到2010年就仅仅只是中国的两倍。中国的GDP超过日本，成了世界“老二”。许多经济学家预言中国将赶上或超过美国的GDP，在2018年成为世界经济的“老大”。从2000年的世界“老七”到2010年的世界“老二”，中国的飞速发展让国际政治圈震惊得起鸡皮疙瘩。这个数字还不算已有人将中国列在了排头兵的位置。

胡锦涛主席和温家宝总理认识到这样的成就会引起旧的世界秩序的动荡，会使别的国家对这一新的世界现实产生爱恨交加的情绪。领导人当然不想让新的“零和”竞争替代眼下的“纯收入”合作，但不景气的全球经济却在推波助澜。部分的挑战在于两国都应遏制仇视外国人的民族情绪。在中国，互联网上的爱国者呼吁坚持以中国国家利益为中心，而不是走世界格局的共同利益道路和坚持“和平崛起”。在美国，奥巴马总统则应当遏制那些沉迷过去、不愿被人取而代之的过度的民族激情。美国人当学着去接受中国的崛起，并理解在一个和谐的世界中做经济上的“老二”，比在一个不和谐的世界上做经济上的“老大”要好。我们应当欣慰地知道，从“冷战”时期的紧张对立来看，龙与鹰之间的关系不论怎么说还没有达到像1945—1991年美国和苏联那种剑拔弩张的对立地步。

美国人渴望了解中国民众和中国共产党的领导在未来几年对全球形势的影响。邓小平提出的避免冲突，加强国家综合实力和快速发展模式受人推崇，也在被发扬光大。面对美国在太平洋地区的举动，中国的领导人，包括一些军方将领提出要更直接地回应，而不只是严厉的外交和以媒体为主的抗议。但这样是有风险的，中国不想加速两国之间的紧张局势，从而促使自己的邻国和世界上的其他国家在中国和美国这两个大国之间做选择。中国是所有亚洲国家的最大贸易伙伴，但大多数亚洲强国又与美国是安全和军事盟友。

在下一个10年里，会有不少让人不舒适的事情和竞争，但最佳解决方案是通过中美的双边伙伴关系，去平衡关系，在共同进步的基础上取得双赢。政治家如早期历史上的孙子和修昔底德都认为，大国之间互不信任乃常事，并总是为了安全在军事力量的准备上进退维谷。今天的局面是：一方拥有14亿人口和世界上人数最多的军队；而另一方则在高端技术和盟友方面具有优势。解决问题的上上策是龙与鹰和睦相处，并带动和影响其他国家。

2012年，中国和美国都面临领导人的更换或继任问题。在中国大陆，包括台湾地区也是这样。在美国，奥巴马先生和民主党将会面对伺机取而代之的共和党人的最大挑战。领导人的更换肯定会影响我们目前尚不明了的一些方面的变化，但我们都认为美国的老百姓不再会像过去的2008年总统大选时那样，不知道或不关心总统候选人对待中国的立场。从现在起，正反两方都会打“中国牌”，反方打“反中国牌”是为了引起人们的恐惧，正方打“亲中国牌”图的是合作。政治家将要么转向指责性的“中国威胁论”，要么转向打“中国机会”这张牌。

1972年，当中国还在“文化大革命”、美国在越战中失败时，毛泽东主席和尼克松总统在北京会晤，展开了改变世界的对话。2012年，我们迎来了那场对话的40周年。今天，有了对话的新机遇。中国吸引着世界的目光。在2012年1月，颇有影响的学术金融期刊《经济学家》面对现实，开始每周专栏探讨中国。以前享受过该刊此等殊荣的只有从1941年起开的美国专栏。

随着中国被媒体和世人关注，在美国2012年的总统大选中，候选人为了自己的利益打“中国牌”就不足为奇了。总统候选人在竞选时的信口雌黄在其真的做了总统后会打折，其所面对的情形不是臆想而是事实。毫无疑问，我们会看到共和党在抨击中国的时候会大肆抨击奥巴马。这种抨击在任何竞争国之间都会出现，但当“中美国”模式让美国工人失望时，发生这种事就会使局势紧张。

大多数美国人已经认为中国欲超越美国，成为全球政治力量的领头羊。美国人很容易相信是中国的政策导致美国人失去了制造业的利润和工作机会。但在2009年12月的一次民意调查中,50%的美国人对中国有好感(相对来说只有38%的人无好感)。在另外的一项调查中,53%的人认为中国崛起会威胁到美国。同一题目的对外关系委员会成员民意测验中,21%的人同意中国对美国的威胁,58%的人则认为中国和美国在不远的将来会是伙伴和盟友。公众舆论在"威胁论"和"机会论"上的差异,意味着这是一个政治家可以利用的武器。

2011年10月11日,随着持续一年之久的总统大选序幕的拉开,美国参议院就和中国过不去了,其以65票对35票的结果通过一项提案,说中国操纵货币,呼吁向中国征收更高的进口关税。但美国众议院没有通过此提案,奥巴马总统也对此提出批评并否决了此提案。在大选年,政客们总是会为美国的任何不如意寻找替罪羊。政客们对那些不愿对中国采取强硬立场的人指手画脚,称其为"和事佬",允许别的国家不守规矩。奥巴马指责国会不支持自己,而去指责中国操纵货币。共和党指责奥巴马缺乏领导力,并指责奥巴马和中国是美国国内失业率升高的源头。由于中国对美国的出口税很低,而美国对中国的出口税很高,政客们便将矛头对准贬值的人民币,他们觉得是中国人抢了美国人的工作。许多经济学家同意人民币需要升值,但他们很快又说美国需要更好地去竞争,让人民币升值对美国的贸易赤字和失业无济于事。

中国的很多制造业不在国际贸易条例的范围内也是真的,但这是一个主权国自己的特权,正如美国的劳工要遵守美国的条例。中国的劳工问题是其自己的家事,除非是和世界贸易组织的托管发生冲突。每个国家都有权维护自己的利益,但保护主义则会给两个国家都带来危险的经济局面。北京知道如果美国的经济不景气,那就意味着中国也没有太好的日子过。况且现在欧盟有难,欧盟是中国最大的贸易伙伴,欧盟和美国的关系也意味着其在中国的变化面前会坚定合作。

共和党候选人最有可能取代奥巴马出任下届总统的人选是前马萨诸塞州州长米特·罗姆尼。罗姆尼毕业于哈佛的法学院和商学院，是一位商人，曾任2002年在盐湖城举办的奥林匹克运动会的CEO，他也是一位金融战略投资家，是美国历史上竞选总统的最富有的两三个人之一。在其竞选宣言《无须道歉：美国的庞大》一书中，罗姆尼说美国在遭受威胁，他建议增加年度预算和军费开支。共和党的一些老牌精英则更多倾向于和中国的合作政策，少壮派如罗姆尼则认为中国有军事威胁，因为他们说美国变得弱小了。要是罗姆尼当了总统，他的措辞就会更有外交艺术，但在眼下，其言辞证明他相信打“中国牌”会在大选中助他一臂之力。

罗姆尼声称在经济问题上“中国欺诈”，为了赢得市场，运用“掠夺性定价”倾销产品破坏竞争。他也支持更强大的导弹防御体系，扩大海军规模，并同其他民主国家加强联盟。罗姆尼指责奥巴马将世界的领导权让给多国组织，并承诺如果自己当选，他将会使美国回到世界“老大”的位置。罗姆尼在提到爱国的话题时说：“我们当迎接挑战，而不是畏缩，躲进孤立者的壳内，打白旗投降，也不向那些认为美国时代已一去不复返的人让步。”他在竭力煽动美国民众的情绪，呼吁国民“买美国货”，从而“重振美国雄风”——这只是他的竞选口号而已。

当然，美国公司是在中国制造其产品，如果罗姆尼的税率提案被通过，受伤害的就是这些美国公司。很明显，美国的军工企业巨头提升中国军事威胁论是因为这与其利益息息相关，如此才能售出其新武器。然而那些依赖中国的商家，如沃尔玛和其他所有从中国进口汽车配件、电脑和几乎一切东西的商家会反对罗姆尼的提案。但罗姆尼在拉选票，指责奥巴马一直“被中国人玩了，中国人一路笑着走进银行，揣走了我们的钱，抢走了我们的工作，并霸占了我们的未来”。他这样说美国人爱听，这些话的确说得也很难听。然而正如我以前所言,选民愤怒了,愿意相信让自己失业的是他人,而不是自己。

罗姆尼指出,美国公司的许多产品不是被挡在中国市场以外,就是被征收天价的进口税。他指责奥巴马对此“轻声细语”,甚至可能为此还表示歉意,而获利的是中国。罗姆尼告诫美国人不要怕贸易战,因为中国要依赖美国,中国每年向美国销售的产品比美国向中国销售的要多出2 700多亿美元。他说没有人想和这样有钱有势的顾客打贸易战。

共和党已经表明了一种较为强硬的立场,很明显想扩大和中国的贸易,继续合作。但在2012年1月的瑞士达沃斯经济论坛上,一些经济学家达成一个共识:中国给世人的印象是每个商人后面都有一个政府官员。这种印象对贸易有害,引起了那些遵循自由市场规则的商人的不信任。

在这些言辞之外,有一个基本的事实,那就是全球资本主义出现了危机,如果像中国这样的国家控制体系中的一些元素要与美国的放任体系调和,就需要改变。中美两国的体制可共处,但在执行中还没有完全达成共识,需要改革以便减弱双边关系的紧张度。不存在大范围的美国想搞垮中国,或中国要搞垮美国,但需要平衡全球化和相互之间的联系。有中国特色的社会主义与有美国特色的资本主义并不相生相克。

即使有罗姆尼及其政党的政治大话,但由于其在商业问题而不是人权问题上公开支持中国,北京似乎更喜欢共和党,北京很正确地把人权问题与民主党连在了一起。从1979年中国对外开放以来,美国曾有过三任共和党总统(里根、大布什和小布什)和三任民主党总统(卡特、克林顿和奥巴马)。显而易见,不论哪个党在台上,对中国的关系都是共同合作,一起进步。我期望此次大选后中美之间仍是这样继往开来的局面。

但不能犯错误。美国现在的立场比较强硬,奥巴马的新安全战略将美国从加州西推进到夏威夷，与中国和亚太的接触更深了。美国毕竟在世界上有其地理政治位置的优越性，位于亚洲、欧洲、中东和非洲以外，巴西远在其南端。除了俄罗斯和日本与其在阿拉斯加州有接壤外，美国的边境上无大国。两大洋得天独厚的优势，使美国成为大西洋和太平洋地区以及连接世界各地的大国。

2011 年 11 月，美国国务卿希拉里提高了美国对亚洲的战略变化，并宣称 21 世纪将会是“美国的太平洋世纪”。希拉里解释说：“从印度次大陆到美国西海岸，这一区域横跨两大洋——太平洋和印度洋，越来越多地被航运和战略联结在一起。”希拉里强调美国是“该地区唯一有强大联盟网但却无地域野心的国家”。她说：“美国的未来与亚太的未来密切相关，将战略转向该地区从逻辑上来说，符合美国在全球的努力并保证和持续美国在全球的领导地位。”政治家斯蒂芬·瓦尔特认为这是在唱老调，因为所有的大国都以为自己比他人更有能力领导这个世界，“在大国中，以为自己很特殊太正常了，也没有例外”。

2012 年 1 月 24 日，站在美国国会的讲坛上，面对 435 名众议员、100 名参议员、9 名最高法院的法官、五角大楼的军界将领、自己内阁的所有成员以及全国百万听众，奥巴马发表了国情咨文。这是美国总统每年最重要的演讲，针对的是美国民众及其所关心的国内和国外政策。此次演讲的非凡意义在于奥巴马总统也由此拉开了他的连任竞选。他讲到了如果所有国家都照同一章法行事他就会在竞争中“赢”。这在一个相信其从业道德和经济盛况的国家很正常，但却无法解释人们在眼下的金融危机中失去家园和工作。奥巴马盛赞美国的中产阶级在第二次世界大战后“理解到他们是大多数”，因此成就了美国在世界上的最强经济。奥巴马号召国民要“铭记这一承诺，挑战就在眼前，任何辩论都不重要”。

他说眼前的路是重振以“美国的制造业、美国的能源、美国的技术工人和新的美国价值观”为基础的强大经济。在未显示出沙文主义前，奥巴马呼吁的是爱国热情：“我的意思很简单。是该停止褒奖那些将工作机会让给外国的商家了，我们要开始鼓励在美国本土创造就业机会的公司。”

除了聚焦国内经济，奥巴马也着重谈到了加强美国的军事。他说现在我们的军事力量将会集中在世界上变化最大的东亚地区。从美国的观点来看，重整世界各国之间的关系使得奥巴马坚持加强对亚太地区的义务。美国在亚太地区的长期盟友日本、韩国、澳大利亚、菲律宾、中国台湾、新西兰和泰国赞许其新战略，以后还会有印度、印度尼西亚、新加坡、越南和缅甸加入其行列。经济事务和重返亚洲将会为该地区注入亿万美金。美国军方将会在菲律宾和澳大利亚通过一系列的短暂换防提升其地位。美国海军将会在中国的南海和马六甲海峡定期军演，由此更多的军事武器买卖合同将会被签订。

作为东亚诸多强国中的地区老大，中国会保持自己的力量。很多人说中国被包围了，但实际上这不是个新话题，因为日本、韩国和泰国长期以来就在美国的安全保护伞下。众人皆知如果台湾和大陆统一，日本和韩国仍可用来平衡美国和中国的关系。但如果美国从该地区撤出，情形会如何呢？日本会很快将自己武装成军事大国，其他的国家也会加大自己的军备投入。中美领导人不想因为现在的变化而看到上述事情发生。

美国前总统卡特的国家安全事务顾问布热津斯基 2012 年出了一本新书《运筹帷幄：美国与全球力量危机》，在此书中他呼吁美国要把自己当作“崛起和愈来愈固执的东方有责任的伙伴”。布热津斯基强调的是“伙伴”这个词，因为他想让美国成为亚洲国家的平衡者与和解者，而不是霸主。

随着美国势不可挡地在其战略上重返亚洲，中国将又会如何呢？中美的经济搅在一起，每年的贸易额在4 560亿美元，大部分顺差在中国。因为北京在经济上占上风，在眼下相当有耐心。美国新的军事战略在大选年不会有大的争议。要是中国反应强硬，美国人将会给其盟友提供更多的军事武器，军备积累将会使东亚成为全球的经济、政治和军事中心。很显然，美国要么和中国全方位合作，要么处处和中国过不去，不会简单地袖手旁观。在澳大利亚堪培拉的一次演讲中，奥巴马宣称："我们在该地区的持久利益要求我们持久地待下去，美国是太平洋的一支力量，所以我们驻扎在这里。"

国际政治中的一个惯例是，当一支新的力量崛起时两样事情必有一样发生：一是其他的力量会"搭顺车"，参与并支持新领导；二是比较稳妥的做法，其他国家会保持"平衡"反对新力量。政治学家亨廷顿认为在短期内，不论这些国家干什么，但由于历史和文化的缘故，最终亚太国家会跟着龙的领导走。而眼下，这些国家在搞平衡。另一个惯例是新崛起的大国会反对对自己的包围。2011年11月，新华社称："美国看到了中国对其霸权的威胁，因此美国战略重返东方的目的在于压制和遏制中国，并平衡中国的发展。"这话千真万确。

中国对美国重返亚洲的抗议在加强，如复旦大学美国研究中心主任沈丁立说："美国的政策疏远了10亿中国人民，这不是明智的公共外交政策。"《中国日报》谈到奥巴马在连任竞选中打"中国牌"以期赢得国内的支持时用的词是"危言耸听"。当然，这一切说得都没错，甚至可以说在一个新超级大国崛起并遇到老牌超级大国的对抗时，在大国政治中发生的这些事都很正常也在预料之中。对目前发生的一切，最关键、表达最正确的一个词是"平衡"。这是一场博弈，博弈的双方都在寻求有利于自己的东西，此时"平衡"便常常消极地被认为是"阻碍"，但这个词也可以指

“保持平衡，共同发展”。

老师和学生、家长与孩子、丈夫和妻子为了相互尊敬和一起成长都要相互“平衡”。对于全球的力量来说亦是如此。随着亚太地区成为全球经济活动的中心，这场博弈将会继续下去。因此，如果中国试图利用其对美元的力量要美国让步，而美国则动用海军封锁海上通道，那就会威胁到中国的繁荣。目前，中国的投资在全球展开，但如果贸易战引发海上经济封锁，其目前的保护能力还是有限的。这将会带来新的军备竞赛，出现一场新的“冷战”，而受益的是他人。龙和鹰对此心知肚明。

在此，我们有必要提及另一个政治烫手山芋。虽然人权问题在外交关系中不再突出，但奥巴马和其对手开始重拾此话题，因为自由分子在向奥巴马施压，指责其在自由问题上“言辞不给力”。奥巴马最感兴趣的全球问题是环境保护、公海上的海盗、恐怖主义、美国的经济和核武器的扩散。中国则有备而来反驳说，美国在伊拉克和阿富汗战争中的暴行，说明奥巴马当不了“人权的说教者”。

奥巴马确实也不是，他将贸易和合作置于其他问题之上。政治学家斯蒂芬·瓦尔特也抨击在大国政治中用人权问题作借口，“美国大谈人权和国际法，但却拒绝在大多数人权合约上签字，也不是国际刑事法院的一员。一直乐于和有不良人权纪录的独裁者厮混”。瓦尔特的结论是：“美国人品行高的观点也许会让美国人感到舒服，但这并不是真的。无论一个总统谈不谈中国的人权，美国人每天都可以在报纸或网上看到有关持不同政见者和抗议活动的报道。因而，无论政治家怎样打‘中国牌’，大多数美国人会把其言论和他们在网上读到的或在媒体中播报的综合来看。”

76 岁的德克萨斯老议员荣·保罗以共和党人的身份参加大选。他知道自己不会被提名，但他却拉走了全美共和党人 12% 的选票。保罗很有趣，因为他的立场是减少军费开支，把美国军队撤回本土，不支持对别国的干预和在国外的战争，做个半孤立主义者。保罗认为政府支出要尽量减到最低，以便消灭国债，让美国在经济上强大起来。对保罗而言，问题不在于中国在干什么或不干什么，因为那是中国的事。他想让美国人专心于自己的家事，让这个世界自己管自己吧。

2011 年 7 月，因为美国科学家在研制新一代火箭而停止了航天飞机的飞行任务，这让美国人的自信受伤。共和党候选人纽特·金里奇说如果他当上总统，他将于 2020 年在月球上建一永久的“殖民地”。他还说当有 1.3 万个“殖民者”住在那里后，月球将会被要求成为美国的第 51 个州。这种梦魇游戏是在玩大众的恐惧心理，当人们看到中国在接连不断成功地探索太空、宣布把人送上月球、在 2016 年建立自己的太空站、成功试验反卫星武器、使自己的军备现代化时就有恐惧心理。美国人一直把太空称之为“最后的疆域”，也渴望这最后的疆域被自己征服和利用。中国自然会反对美国宣称月亮或太空不过是美国国旗上的另一颗星。金里奇坚持美国要加强其军事力量，他支持再组建一个航空母舰大队（美国已经拥有 11 个庞大的航空母舰大队）。为了不比人差，罗姆尼承诺：“我将肯定使我们的军事力量如此强大，世界上将无人敢来试探。”

当然这样打“中国牌”的人承认，在持有美国国债、拥有进出口贸易顺差、国家富强和持续壮大上中国占了上风。美国人被大量的过分消费以及国债、缺少储蓄和外国赤字绊住了。有人说美国还有其他东西可以用来与北京较劲，那就是美国的军事和深厚的盟友关系，这些都是和中国的金融资产较劲的砝码。中国学者阎学通说：“强权建立在军事实力的基础上。”美国人有一句口号：“军事乃一国之体魄。”这句话可以帮助我们理解为什么美国依赖于自己的武装力量，但同时也为我们解释清楚了为什么美国关注中国的军事发展。如果其债主大户中国在军事上与美国比肩，那么美国在贸易这场博弈中就没有了把人“将死”的本事。就其盟友而言，包括世界贸易组织、国际货币基金组织和世界银行等亦是如此。政治上强大的多国合作都有心保持美国和中国的商业通道并稳赚利润，而贸易战和真刀实枪耽误赚钱。

中国的经济实力有黏着力，把其他国家吸到了一条线上。但这不是硬实力，明显也不是软实力，是黏实力，是软实力和硬实力的结合形成了中国领导人称之“综合国力”的东西。不过，也有人说中国的实力是“现状”，其主要意图在于维持目前的世界秩序。GDP 每年 10% 的递增和国力壮大，任何方向上的闪失都将是灾难性的。比如，经济学家们谈到的 S 曲线模式，即当一个国家惊人地发展一段时间后，在曲线开始回升前会处于妄想的停滞年头。现在也许是美国到了停滞期，中国处在发展期，不久也许会反过来，中国停滞，美国发展。此类事情曾经在 20 世纪的 70 年代和 80 年代发生过。当时日本和韩国发展迅猛，而美国却在挣扎。全世界的经济学家都说美国在衰退。后来到了 90 年代，日本、“四小龙”发展过猛，筋疲力尽了，被圈在了笼里，而此时鹰一跃成了唯一的霸主。

不可否认的是，美国的最强优势在于其军事硬实力与其教育和文化软实力的结合上。苹果系列产品、互联网、全球 75% 的电视节目，2011 年《伦敦时报》全球大学排名中，前 5 名中有 4 所是美国大学，前 10 名中有 7 所是美国大学。美国每年从全球吸引研究生到美国学习或是在实验室里创造新产品。美国有 333 位诺贝尔奖获得者，很多是物理、医学、化学和经济学界的天才。从年轻人和老年人的比例上看还有人口优势，持续强大的移民每年为美国新增 100 万人口，还有其人口的正增长率。美国还受益于其 150 年来的稳定政治、丰富的自然资源、强实的财产权以及雄厚的金银储备。

美国的硬实力在国际上与其全球政治实力密不可分。由于其海军拥有的实力，如无人飞机、洲际弹道导弹、远程轰炸机加上基地和盟友，全世界的海洋几乎就是美国的一个湖。即便是在出现卫星跟踪、无人飞机和现代化后有许多变化，但其11个航空母舰群可以在世界上的任何地方发起攻击。其硬实力与软实力的结合可以使其在国际事务中和黏实力对抗。软实力根据政治学家约瑟夫·奈所言，就是“借助吸引，而不是威逼和购买得到自己所欲之物的能力”。值得一提的是，美国的黏实力也不会消失，只是在世界上降到了“老二”的位置。随着美国吸引人的实力增强，美国会回到自己领头人的位子上。

经济历史学家托马斯·弗瑞德曼2011年11月的新作《辉煌不再：美国怎样重整雄风》是复兴的号角。弗瑞德曼肯定美国会停止政治上的内讧，专心于重铸其制造业来和中国竞争。他也许说得对。最新的报道是五分之一的美国公司已开始将自己的工厂搬回国内，就业机会创三年来的最高，失业率已有所下降。如果欧盟不垮，西方也会走出困境。

毫无疑问，在世界舞台上，过去10年的现实让美国尴尬。美国不再受宠和有广泛影响，但美国还可以依靠其50多个正式军事盟友，包括北约、日本、澳大利亚、韩国和将来的印度。中国没有正式的军事盟友，虽然有时可以算上朝鲜和巴基斯坦。在2009年，复旦大学的任晓博士曾经说中国外交政策的核心是中国“既不依附于任何一个大国或大国集团，也不屈服于来自任何大国的压力，也不同他们任何一方结盟”。因此虽然世人皆知美国在失势，在衰退，但还依旧强大。美国人对此言论感到不畅，从1776年建国起，美国就有实力，要想使其放弃期望也难。政治家企图解释所发生的一切，“中国牌”说到底是一张与实力相关的牌，衰退也罢，崛起也罢。这就是为什么在美国的政治中这张牌很有效的原因。

2 400多年前，孟子说过：“山径之蹊间，介然用之而成路；为间不用，则茅塞之矣。”邓小平为全球化“成路”,胡锦涛接着拓宽了“山径”。中国和美国有成千上万的朋友相信,合作对两个国家和整个世界都有益。贸易会加深相互依赖,相互依赖会提升双方的地位和生活水准。显然,中国现在已太富有和太有实力了,不符合世人平常概念中的“发展中国家”,“老大”和“老二”的头衔只属于大国。我们知道 21 世纪极其复杂,龙和鹰谁也无法独自解决世界上的难题。因此作为伙伴一起努力就有好机会和显而易见的好处,抓住机会打这张“中国牌”肯定赢。

4.“奥林匹克冠军”罗姆尼：能否入主白宫?

每隔 4 年，我的思绪就会为两个最大的活动纠结：一个是世界上最宏伟的体育赛事——奥林匹克夏季运动会；一个是选举最有权力的人——美国总统。这两种活动竞争激烈，引人瞩目，对大国的政治有全球性的影响。当我在 2012 年 8 月 7 日撰写此文时，伦敦奥运会还有一个星期才能结束。金牌总数的竞争如此相近，人们还无法预见在这场金、银、铜牌大战中，鹰和龙谁将是最终的赢家。我自己希望两个国家在金牌和奖牌总数上完全相等，如若这样，难道不是神奇的一刻吗?

自从在 1984 年的奥运会上获得第一枚金牌后，中国的竞争锋芒就与日俱增。值得人们注意的是，仅仅在 8 年前，也就是在 2004 年的奥运会上，美国夺得了 103 块奖牌，中国只拿到了 63 块奖牌。在此后的 8 年里，龙变得更加强壮，并显示了自己的实力。这一成果得力于“119 工程”，这是一个政府项目，旨在支持体校为夺取奥运金牌而培养年轻运动员。“119 工程”于 2002 年开始实施，随后而来的奥运会就验证了这一工程的成果。在 2008 年的北京奥运会上，中国的奖牌总数达到了 100，其中有 51 块金牌。美国在金牌数上位居第二，只拿到了 36 块金牌，但却以 110

块奖牌的战果赢得了奖牌总数第一。在2012年,两个国家在比赛场上鏖战了11天,中国已夺得31块金牌,奖牌总数达到64块;美国拿到了29块金牌,奖牌总数为63块。全球在瞩目,民族自豪感在荡漾,全中国的人都在为游泳健儿叶诗文的胜利而欢呼,也在为跨栏巨星刘翔的受伤倒地而悲哀。每一个国家都想通过奥运会展现自己是这个世界舞台上的主角。显而易见,体育上的胜利是全球身份转变的一部分,因为奥林匹克运动会上的胜利与政治联手,向世人表明中国已跃升到了世界大国的地位。

让我们把目光转向另一场竞争。谁将会是鹰的下一届领导人呢?在奥运会的大奖决出胜负前,2012年的美国政治“季节”却要接近尾声。奥巴马总统及民主党正在努力连任,共和党则推出了米特·罗姆尼要将奥巴马取而代之。罗姆尼在很多方面都颇具实力,奥巴马为自己履职的辩护和解释之路可谓难矣,而罗姆尼对奥巴马政策的指手画脚,指责奥巴马将美国带上歧途可谓易矣。罗姆尼说他会赢得总统大选的胜利,并像他任2002年冬季奥运会的组织者时那样拯救美国。实际上,罗姆尼在2002年冬季奥运会上的金融成果是可圈可点的,对于很多支持他的人来说,罗姆尼已证明自己是一个善于将体育和政治联系在一起的精明商人。随着美国经济的不断萎缩,很多人在谈论美国的衰退,因此很多人想让这位“奥林匹克冠军”入主白宫,期望他能给美国带来繁荣和就业机会。

共和党人想让本次竞选以奥巴马执政的这4年为焦点,从而决断民众是否支持奥巴马的国内经济政策和美国在世界舞台上的表现。连月来的民意测验显示,人们不支持奥巴马的经济政策。对他的支持率已下降到45.2%,成为过去40年来的最低点。共和党人认为美国的经济增长速度只有2%,那就说明美国在衰退,正在让位于中国,而奥巴马不知道如何让美国的经济强大和持续发展，让鹰重返世界老大的位置。罗姆尼对美国民众提出的问题很简单，他问每一个人，“和 4 年前奥巴马未当总统时比，你现在的生活是否比那时好?”人们关心的是自己的工作、薪水、家庭、储蓄、希望和梦想。如果其回答是“现在从经济上来说是不如从前了”，那人们就会炒奥巴马的鱿鱼，聘用罗姆尼。美国人对未来经济的看法最终可能会决定谁输谁赢，至少罗姆尼期望如此。

美国人现在生活在一个自己都无法理解的新奇和怪异的世界里，这让他们对自己的未来颇为担忧。今天大多数的美国人——当然不包括大量的移民——成长于第二次世界大战后，成长于自己的国家是世界领头羊的灿烂文化时代。很多都是在被历史学家称为“富裕时代”的岁月中长大成人。那些在 1945—1964 年出生的孩子，现在的年龄在 48— 67 岁之间，大多数人事业成功，地位显赫。这些人崇尚勤奋工作，在办公室的时间长，有职业竞争意识，所以这些人就掌控着私企、国企、媒体、军队、司法系统，以及这个国家从上到下、各种不同的领导岗位。

这些在各种不同岗位上的领导人是所谓的“婴儿潮”①时代的人，因为当时出生的婴儿比任何时候都多，似潮水般涌来。而这些孩子现在是世界上最富有、最有教养和最被娇惯的一代。这些“婴儿潮”时代的人做事有目标，是极具竞争力的“工作狂”，他们相信自己可以改变这个世界。大多数“婴儿潮”时代的人在外交政策上的态度不是新保守分子，就是新自由分子。在他们的观念中，美国在任何方面都是世界上的老大。这一代美国人只知道自己的国家不论从软实力、硬实力还是黏实力来讲，一直是全球最繁荣、最有革新力、最有实力和最有影响的国家。他们期望美国运动员在奥林匹克运动会上获胜，他们会以此为

① 婴儿潮：即 baby boom，指的是在某一时期及特定地区，出生率大幅度提升的现象。在英文中，这个词首次出现主要是指美国第二次世界大战后的“4664”现象，从 1946 到 1964 年，这 18 年间婴儿潮人口高达 7 800 万人。——译者注

参照，来看影响美国在世界竞技场上的形象和能力的任何变化。克林顿总统（出生于 1946 年）、布什总统（出生于 1946 年）、奥巴马总统（出生于 1961 年）都是“婴儿潮”时代的人，米特·罗姆尼也一样，他出生于 1947 年。

让“婴儿潮”一代沮丧的是，美国的影响在 21 世纪受挫了，美国人的自信心在这十几年坠落到了最低点，共和党人可以利用这个机会。罗姆尼说从 2008 年的世界金融危机起，奥巴马就有很多机会抑制衰退，让美国重振雄风。罗姆尼说奥巴马继承布什总统的衣钵也不要紧，在其 4 年的执政中，奥巴马不过是点燃了美国复苏的星星之火，由于星星之火没有燎原，那就该换个新领导人，带领这个国家走向繁荣。罗姆尼宣称他将使鹰重栖峰顶，让美国比以前任何时候都更强大，在他的推动下，21 世纪将会成为第二个“美国世纪”。

这是个大话，也许是太大了。很快我们就会知晓，他能否说服美国人并取代奥巴马。本文将以罗姆尼和奥巴马为焦点展开。就罗姆尼而言，我将分析其身世，解剖其治国之变策，解读其支持者和反对者所造就的现状；就奥巴马而言，我将探究其过去 4 年来的得失，审视其如果连任后的承诺。

至 2012 年，米特·罗姆尼花甲有五，英俊、体健、方下巴、浓发，有男子汉气，于“婴儿潮”开始时期的 1947 年 3 月出生在密歇根州的底特律。相形之下，奥巴马五十又一，出生于“婴儿潮”末期的 1961 年 8 月，他身材修长、富有活力、高大英俊、能言善辩。领导人要想在 21 世纪这个媒体和互联网无时无处不在的情况下赢得支持，外表形象的影响可谓大矣。就美国是个白人和基督徒占大多数的国家来说，这两人都是“外人”。奥巴马是黑人，上的是印度尼西亚的穆斯林学校，故常被人指责有伊斯兰和社会主义思想；罗姆尼则是一个虔诚的摩门教徒①，该教被有的批评家冠为“非基督教崇拜”，因为教徒太富有，不是平常人。

而他们两人又都不是“外人”，因为奥巴马在哥伦比亚大学学的是政治学，罗姆尼在杨百翰大学学的是英文，还上过哈佛大学的商学院。两人又都毕业于哈佛大学的法学院。罗姆尼曾任过一届马萨诸塞州的州长(2003—2007 年)。2008 年，他曾自掏腰包 4 500 万美元(3 亿多人民币)想成为共和党的总统候选人，但共和党却选择了约翰·麦凯恩(John McCain)。奥巴马在 2004 年成为美国参议员前，做过 8 年的伊利诺伊州议员，在他战胜约翰·麦凯恩成为总统后才辞掉这一职位。

奥巴马和罗姆尼的父辈都出生在外国，罗姆尼的父亲出生在墨西哥，奥巴马的父亲出生在肯尼亚。与奥巴马的普通中产草根家庭背景不同，罗姆尼是大户公子，其父亲乔治·罗姆尼曾居住在墨西哥的一个笃信摩门教的教区，直到“墨西哥革命”迫使他移民美国。作为一个精明的商人，乔治·罗姆尼在连任三届密歇根州的州长前(1963—1969 年)，曾一直是美国通用汽车公司的总裁(1954—1962 年)。1968 年，乔治·罗姆尼曾是共和党美国总统的候选人，在几乎不分伯仲的竞争中，他最终败给了尼克松。

罗姆尼子随父行，是虔诚的摩门教徒、精明的商人、美国州长和总统

---

① 摩门教(Mormon religion)，即“耶稣基督后期圣徒教会”(The Church of Jesus Christ of Latter-day Saints)，简称后期圣徒(LDS)，是一所覆盖全球超过 176 个国家和地区的国际性基督教会，总部位于美国犹他州盐湖城，教会成立于 1830 年 4 月 6 日，由当时 24 岁的约瑟·史密斯(Joseph Smith Jr.)在美国纽约州组建。教会起初的名字为耶稣基督教会(The Church of Jesus Christ)，后于 1838 年 4 月改为现今所用名。摩门教徒的一夫多妻制曾在整个教会中公开实行。1890 年在美国联邦政府的压力下，时任会长惠福·伍卓夫(Wilford Woodruff)向教会宣布废除一夫多妻制。1904 年会长约瑟 F·史密斯发表第二篇宣告命令教会终止一切多妻制婚姻。但少数团体不服从，拒绝接受废除令。这些团体随后被教会开除教籍，流放偏远山区，他们至今仍实行一夫多妻制。其中比较知名的是原教旨主义者(Fundamentalist Church of Jesus Christ of Latter-day Saints，简称 FLDS)。如今的后期圣徒教会反对此制度的态度非常坚决，如有教会成员多妻或与原教旨主义者往来密切，一经发现，均开除教籍。——译者注

候选人。1969年，22岁的罗姆尼与19岁的安·戴维斯（Ann Davies）结为伉俪，安·戴维斯从未在外工作过，1970年，米特·罗姆尼的长子问世。他有5个儿子，老大塔加特42岁，老二马特41岁，老三乔什37岁，老四本34岁，老小克雷格31岁。基于家庭财富的底蕴，5个儿子在不同的领域各有建树，现有孙辈16人。

根据迈克尔·克拉尼奇（Michael Kranish）和斯科特·赫尔曼（Scott Helman）2012年出版的权威新作《真实的罗姆尼》（*The Real Romney*）一书，罗姆尼遵循摩门教严格的以家庭为中心的生活。毫无疑问，罗姆尼一直勤奋刻苦、工作努力、为人诚实、富有善心，业余时间大多是在家里和教会。在2012年出版的《米特·罗姆尼：个人及其政治管窥》（*Mitt Romney: An Inside Look at the Man and His Politics*）一书中，历史学家司各特吹捧罗姆尼，但却说他是一个讲究森严等级的人，对于那些在宗教信仰、事业开拓以及政治立场上才智不如他的人，他常常是不耐烦，甚至是无法容忍。

摩门教的官方全称为“耶稣基督后期圣徒教会”，是一个男权主宰、有严格道德准则的教派，教会禁止饮酒和婚前性行为，公开反对同性恋、流产和非婚生育。该教创立于美国西部拓荒时的19世纪30年代，允许男人多妻多子，极富种族偏见，秘密的教会礼拜只有摩门教徒才能参加。1890年一夫多妻制被禁，今天摩门教徒在美国只能娶一个妻子，也有例外，如汤姆·格林就有5个妻子和13个孩子。在反对赋予妇女平等选举权的“平等权利修宪案”上，该教派尤为积极。直到1978年该教才允许黑人加入，现在还是反对同性恋。

由于罗姆尼一直是教会的核心人物，并捐献大量资金支持教会，故对美国民众来说，理解宗教对其政治观点的影响至为重要。罗姆尼并不羞于说自己相信上帝，但却只字不提“摩门”，也从不谈论自己的信仰。问题就在这里,众所周知,摩门教在他的生活中必不可少,人们就想了解摩门教的神秘仪式,想知道为什么罗姆尼笃信其教义。罗姆尼是摩门教领袖的演绎世人皆知,这让很多人心烦。

迈克尔·克拉尼奇和斯科特·赫尔曼在他们的书中说过一件事,罗姆尼身为摩门教的领袖,当一个未婚先孕的女子来咨询时,他说要不留住孩子,要不被逐出教会。该女子说罗姆尼的原话是“要不舍弃孩子,要不放弃上帝”,女人放弃了上帝,留下了孩子。另一个轶事说,罗姆尼对一个血液感染严重但已怀孕的摩门教徒说,不要听医生的话,为了保命而去做流产。这女人是一个虔诚的摩门教徒,已生育有五个孩子,罗姆尼对她说:“作为你的主教,我关心的是孩子。”但她没有听他的,去做了流产。当罗姆尼被问及此事时,他的回答不尽人意:“我当然不能说非我所言,但我不记得(有此事)了。”

在职业领域之外,罗姆尼在国内的建树颇受人赞扬。他曾领导过2002年在犹他州盐湖城举办的冬奥会组委会,该城是摩门教的中心城市,在他的精心指导下,这一届冬奥会在组织工作和经济上取得了双赢。他其他有口碑的建树包括在他任马萨诸塞州长期间,在该州实施和推广全民医改,被称为“罗姆尼医改”。这项改革所涵盖的领域为美国诸州之最。直到他参加总统竞选时,罗姆尼称这是他最伟大的成就之一。但具有讽刺意味的是,马萨诸塞的医改是奥马巴在国内推行的唯一最有意义的全民医保的一个样板,即负担得起的医保法,该法案被共和党人戏称为“奥巴马医改”①,旨在全国推行全民医保。这一法案是2012年最有争议的法案。共和党人发誓如果上台就推翻这项法案。实际上,美国最高法院在2012年6月批准该法案后,共和党席位居多的国会就指责该法案,

---

① 奥巴马医改:即Obamacare,奥巴马医改法案的主要内容是从2014年起,所有美国人都必须购买医保,雇主必须为雇员提供保险,否则将被罚款。医改法案把医保覆盖到全美国3 200多万目前没有医保的人,从而实现全民医保的目标。——译者注

并承诺争取推翻该法案。所以我们看到,罗姆尼作为政治家的最大建树,却在受到作为总统候选人的罗姆尼的反对。他也不得不捍卫的一个事实是:他的计划和奥巴马的计划几乎如出一辙,两人的计划如此相似,可以合称为“奥巴姆尼医改”。罗姆尼的立场转变让很多人怀疑他是否值得信任;也让人们怀疑他所做的一切都是为了给自己拉选票。大多数人希望总统人选的立场要始终如一。

让我们回到外交政策上来,美国并不是一个整体的政治文化,而是一个多元竞争的国家。自由国际主义者欲融入这个世界,他们对中国的支持基于邓小平合作改革的举措,而有的美国人不愿融入这个世界,情愿一边倒,甚至是狂热的民族主义,让美国的利益高于一切。在不断发展和变化的国际关系圈中,鹰有举措龙就有反应,龙有动作鹰就有回应。在未来国际秩序的形成过程中,两个大国一举一动的积极和消极结果都至关重要。奥巴马的多边方针世人皆知,而罗姆尼则几乎不谈自己的国际关系准则,虽然他曾明确地说过:“我们生活在一个危机四伏的世界里……诸如中国和俄罗斯这样的强国在壮大,欲在世界上占有一席之地,(他们的)举措不利于国际安全。”罗姆尼的政策声明很零散,只是说他会“在促进其转型的同时,遏制他们(中国和俄罗斯)的不良企图……”

没人知道他将会与其他国家竞争或是合作,也没人知道谁将会作为他的主要顾问,成为国务卿、国防部长、商务部长和国土安全部长。罗姆尼的确强调美国要“创造(今天的)世界秩序”,他相信美国是“一个不可或缺的国家”,能战胜所有的竞争者,保持自己世界“老大”的地位。其批评锋芒直指奥巴马,他说:“我不会让美国在世界上屈就,就这么简单,如果大家不想让美国成为世界上最强大的国家,我就不当这个总统,眼下的总统足矣。”

有时候,罗姆尼的话很过分,宣称美国无懈可击,认为美国永远正确。2009 年,他出版了一本书,名曰《无须道歉》(*No Apology*),在这本书中,他坚持:"我永远不会为美国道歉,我不为美国道歉是因为我相信美国。"他批评奥巴马"几乎向北京乞求",并说:"一个受美国过去困扰的总统不能带领我们走向未来。"这是一种"牛仔"作风,让很多人想起布什当年的话"非友即敌",而面对今天大国关系的重新布局,这早已是陈词滥调了。在他 2011 年出的《相信美国》(*Believe in America*)一书中和他的竞选网址(www. mittromney. com)上,罗姆尼倡导在太平洋开放贸易,团结该地区的所有国家,"鼓励"中国参加公平竞争。对于那些将失业和贸易不平衡归咎到中国头上的美国人来说,这种言辞屡见不鲜。

罗姆尼说面对中国,面对不公平的贸易优势,奥巴马已经束手无策,失去了人们的信任。他坚持在他入主白宫的第一天,就会宣布中国为"货币操纵国",这种天真而有争议的话极有可能引发国家间的贸易战。罗姆尼说贸易战已经开始了,并警告说"如果不抵制中国,就会被中国踩在脚下"。他的言辞与其说是有建设性,倒不如说是更具对抗性。着眼中国,罗姆尼说他将会增加"核心防御开支",将预算至少增加到美国 GDP 的 4%,目前奥巴马政府的预算是美国 GDP 的 3%。罗姆尼的计划相当于为美国每年的军费增加 1 750 亿美元。罗姆尼及共和党人一直说民主党在"军事防御上软弱",妥协太多。这些言论听来颇为怪异,而事实是奥巴马在伊朗和阿富汗的举措咄咄逼人,无人机的攻击在加强,本 · 拉登被击毙,美国的军事力量转向了亚太地区。

罗姆尼还没有暗示他将会推动军事干预,还是采取紧缩和孤立政策。他会对伊朗的核工厂动用导弹吗?他对朝鲜有何计划呢?他会坚持让印度发展和壮大吗?他是否会需要更多的核武器?在中国的南海他将有何举措?在这些问题上,人们对他的观点一无所知。罗姆尼的确说过他会将“制造舰艇的速度从每年9艘增加到每年15艘”，他赞成让台湾购买想要的所有尖端武器。除了以众议员瑞恩·保罗(Ron Paul)为代表的自由派和以美国驻中国前大使洪博培(Jon Huntsman)为代表的实用主义者，罗姆尼和大多共和党人赞同采用强硬立场。这就意味着如果他得势，不论有没有“北约”和联合国的支持，他都不会回避冲突。要是做了总统，罗姆尼至关重要的工作就是在一个崭新的世界格局中，面对严峻的经济，怎样保持美国在世界上的地位。

2011年11月，罗姆尼颁布了一份白皮书，即向政治家和政府表明自己外交政策意图的声明，在这份白皮书中，他说奥巴马“没有显示出美国的力量和决心”。罗姆尼没有解释自己此言的意图所在，但他的确写到奥巴马从伊拉克撤军太快，也许罗姆尼忘记了撤军协议是布什总统签订的，显然伊拉克总理马利基期望美国尽快撤军。我们心知肚明的是罗姆尼没有丝毫的外交经验，他的言论模糊不清，信息不对称，让人如坠云雾。

2012年6月29日，外交政策分析家弗雷德·卡普兰(Fred Kaplan)写道，“很明显世界变了……游戏规则变了”，而罗姆尼依旧沉浸在以前的“冷战”思维中。当然，克林顿、布什和奥巴马始任总统时，在外交事务上也无任何资历，这就说明外交事务对美国民众挑选领导人影响不大。美国总统竞选围绕的是国内的经济和社会问题，而不是外交政策。总统候选人的唇枪舌剑一旦面对上台后自己的具体决定，就会变得毫无意义。最终，我坚信罗姆尼针对恐怖的铁腕和对抗中国崛起的外交政策，将会和前两届总统——布什和奥巴马的新自由主义相差无几。大家都知道，强硬的外交政策首先依靠的是国内经济政策的力量和保证在美国本土不受恐怖分子的袭击。

中国的领导人也清楚在美国总统竞选期间，如果能在民众中占优势，罗姆尼和奥巴马都会打“中国牌”。中国的领导人知道这一切和政治言论相关，故他们不会为这种闹剧而恼怒。习近平先生对此的分析很正确，他说中美关系“奔涌向前，势不可挡”。龙不想让鹰从亚太全面撤军，因为那样会使其他国家——菲律宾、越南、印度尼西亚、日本、韩国、新加坡、文莱、泰国——对中国的崛起更加不安。中国的领导人理解这一现实，所以支持对双方有利的现状。

在金融问题上，罗姆尼提倡自上而下的经典经济模式，即大公司竞争获取大利润，让全社会受益。所以，罗姆尼支持向富人减税，减少政府干预。相形之下，奥巴马想通过改善工作环境和提高薪水来壮大中产阶级和复苏经济，所以他支持向富人增税，加强政府对经济的干预。这两种政策的不同，源于奥巴马的背景是芝加哥的一位社区领导人，他是一个为民众谋生计的地方工作者；而罗姆尼的背景主要是其家庭财富和他在贝恩（公司）的商业经验。

贝恩公司是一家金融咨询公司，为企业搞分析咨询，通过分析企业运行的所有数据，如运作成本、员工薪水等从而为企业创造更大的利润。罗姆尼的主要工作是研究企业运作，通过对企业的收入和支出分析，提供改革方案，从而使其更具市场竞争力。在20世纪90年代，贝恩公司决定成立一个分公司——贝恩资本①，罗姆尼当选为新风险公司的总裁，任职有15年。与其母公司不同的是，该公司重点不在咨询，而是一家投资公司。其他的公司可向贝恩资本咨询，贝恩资本会分析市场潜力、审核该公司的账本，然后决定是否值得风险投资；如果值得，贝恩资本就会提供部分贷款资金，日后获取红利、股权、高利和现金。

① 贝恩资本：即 Bain Capital，是国际性私人股权投资基金，管理资金超过650亿美元，贝恩资本涉及私人股权、风险投资资金、上市股权对冲基金和杠杆债务资产管理。该公司成立于1984年，为全球多个行业超过250家公司提供私人股权投资和附加收购，公司现有专业人士200名。——译者注

在罗姆尼的领导下，贝恩资本说服银行和个人出资，收购和售出经营不善的公司——这就是“杠杆收购”①，由于贷款利息甚高，被称为“垃圾债券”。罗姆尼只有在一个公司从其他渠道能贷到巨款时才愿意帮助该公司。贝恩自己的投资很少，但如果一个公司的潜力大他就会多投，在他的近半数投资中，贝恩在自己和股东受益的情况下发展了起来。如上所述，罗姆尼常常会做一笔交易，然后立即为自己和股东分取巨额利润。这逼得许多公司破产，因为没钱还债，罗姆尼这时就会解散这家公司，解雇所有人员，拍卖其大楼。15 年来，贝恩资本最少投资了 2.6 亿美元（约 18 亿人民币），获利 30 亿美元（约 210 亿人民币）。准确的数字无人知晓，但罗姆尼的个人财富也达到了今天这个地步——不详。据保守估计，罗姆尼的身价在 1.9 亿—2.5 亿美元之间（约 14 亿—19 亿人民币），而其资产可能比这要多几倍。

所以在 2012 年，随着全球经济的衰退，罗姆尼的财富以及他的致富方式作为总统竞选中的主要问题受到了严格的审查。2012 年的一项民意调查显示，美国相信贫富冲突大或巨大的人数百分比达到了 66%，但在 2009 年，只有 47% 的人认为存在这种冲突。许多人期望政府能在经济不景气的时候施以援手。对美国人来说，最大的投资就是购置栖身的房子。政府项目在几年后才能舒缓 2008 年开始的经济萧条。大约有 200 万个家庭失去了房子，有 1 300 万个家庭受困，因为失业无法偿还分期付款。为支持这个国家，为并非因自身的过错而失去家园的人提供政府项目援助具有社会公平意义。这些人值得援助，他们不是乱花钱、不值得援助的人。奥巴马正在做一件很有意义的事，就是为那些勤劳但却依旧翻

① 杠杆收购：即 Leveraged Buyouts，也翻译为“举债经营收购”，一般缩写为 LBOS，这种收购战略曾于 80 年代风行美国。杠杆收购是指收购者用自己很少的本钱为基础，然后从投资银行或其他金融机构筹集和借贷大量的资金进行收购活动，收购后公司的收入（包括拍卖资产的营业利益）刚好支付因收购而产生的高比例负债，这样能达到以很少的资金赚取高额利润的目的。——译者注

不了身的穷人提供一个保护网。

与此相反的是，罗姆尼说政府不该帮助那些无力支付却想拥有的人，人要对自己的债务负责，即便这些债务是因为全球经济萧条而非个人原因。这呼应了他在贝恩资本的行为，也符合其著作《相信美国：米特·罗姆尼的就业和经济增长计划》（*Believe in America: Mitt Romney's Plans for Jobs and Economic Growth*）的主题。在本书中，罗姆尼呼吁还权于各州，为富人减税，降低社会项目支出，减少政府对商业的干预和惠及大众的政府项目。这些言辞符合保守的自由市场经济理论，会使美国的富人更富。

审视罗姆尼的提议，著名经济学家保罗·克鲁格曼（Paul Krugman）说，选择谁为下一届的总统"的确是——用实在的政策术语说——是富人对决民众"。正如托马斯·弗兰克（Thomas Frank）在其2012年的新作《亿万富翁的悲哀》（*Pity the Billionaire*）中所言，这是"美国社会发展史中的独特现象：作为对艰难世事的反应，集体回归到自由市场理论"。弗兰克是在说共和党人中的"茶党"[①]以及他们接受罗姆尼在《相信美国》一书中提出的计划。

罗姆尼面对的一个问题是，很多有房子的共和党人也在为自己的房子担忧，当有人在失去房子时，罗姆尼却拥有6处豪宅和许多停满名车的车库。这有些过分，共和党人因经济问题责备银行家、华尔街和富人时与民主党一样神速，但共和党人也首先在责备政府，责怪政府的条令使自由市场窒息。大多数美国的政治家试图证明自己是站在"人民"一边，而不是和1%的人在一起。

奥巴马的战略将会是利用财富问题作为理由之一，让美国人把罗

---

① 茶党（Tea Party）这一说法，取自一群讨厌税收的美国保守主义者。它起源于波士顿茶叶党，当时美国还是英国的殖民地，有一群人起来反抗英国当局的税收政策，因此得名。——译者注

姆尼拒之于白宫之外。要是奥巴马和民主党就这一主要问题让人们选择,看谁在保护和关注中产阶级时让人舒心,奥巴马就会再赢得 4 年时间来领导鹰。竞选以来,人们在一直不停地攻击罗姆尼,要他完全公开自己的个人资产。如果他没什么可隐藏的,他公开自己的账目就行了;要是他经受不住这一考验,人们肯定就不会接受他,奥巴马的支持率就会上升。罗姆尼期望这事会不了了之。而奥巴马正在运筹帷幄——编织一个媒体会不断报道和调查并让美国人会相信的故事——那就是罗姆尼太富有,鹰的经济好转和 3.3 亿美国人的日子不能依赖他。2012 年 8 月,在著名刊物《名利场》上,尼古拉斯·萨克斯森(Nicholas Shaxson)写了篇文章,名为《钱在哪里?》。萨克斯森调查了罗姆尼的财产,发现他的很多钱都存在国外,而罗姆尼的反复无常和缄默则让人觉得"作为一个总统候选人,罗姆尼的财富显得来路不明"。与此同时,美联社报道说在百慕大发现了罗姆尼的新金融资料,这样他现有的已知资产又增加了几百万美元。

奥巴马用此来攻击罗姆尼,而该事最早爆料是在 2012 年 1 月至 6 月的共和党总统候选人推荐时。共和党的实力领袖纽特·金里奇(Newt Gingrich)希望代替罗姆尼成为共和党的总统候选人,他说罗姆尼不是帮助而是在"掠夺"一些公司。金里奇的支持者还制作了一部半小时的纪录片——《贝恩的国王》,成千上万的人在网上看过这部片子。电影一开始的独白说:"这是一个有关贪婪的故事,玩体制就是为了快速获利,这是一伙有组织的抢劫犯,以米特·罗姆尼为首。比华尔街更残忍,对成千上万的美国人来说,罗姆尼的到来就是苦难的开端。"

共和党人里克·佩里(Rick Perry)是德克萨斯州的州长,他也希望能赢得大选。在一场全国播放的电视辩论中,佩里盯着罗姆尼,指责他推行的是“秃鹫资本主义”[1]。秃鹫是一种寻食其他动物腐尸的“清道夫”，它体型大、长相丑陋、行动诡秘，在鸟类中声誉最差。作为反击，罗姆尼辩护说他的财富乃资本主义的正果：即强者盛，弱者亡。他说，是的，看到工人失业、工厂倒闭让人难受，但这是“创造性破坏”[2]的一部分，只有毁掉一些公司，把利润交给投资者，才能组建更好的公司。他宣称自己的这种方式创造了成千上万的就业机会。

并非人人都支持这一观点，很多人认为把从不景气或倒闭的公司获取个人所得排在就业之前乃不明智之举。“创造性破坏”意味着成千上万的就业机会被毁。民主党和其他批评家引用的是一个截然相反的例子。汽车工业巨头通用汽车公司坐落在密歇根州的底特律。2008 年，当通用汽车公司在经济危机中将要倒闭时，罗姆尼的话很有名，他说通用汽车公司无法与人竞争，那就允许它倒闭。“让底特律破产吧！”就是他当时的话。奥巴马与其观点不同，授权联邦政府为通用公司提供贷款，好让通用公司有机会翻身，这一举措在国内外拯救了成千上万人。到 2011 年，通用公司咸鱼翻身，扩大了销售并通过技术革新，偿还了政府的贷款。罗姆尼依旧说政府不应直接干预商业和帮助私人公司，而通用公司的工人是不会答应的。

在寻找挑战奥巴马的人选时，罗姆尼的许多共和党对手称罗姆尼是“精英阶层”和“求职杀手”，与老百姓“不搭界”，他被认为是“中产阶级的大敌”。他的竞争对手，同为摩门教徒的洪博培说，他和罗姆尼的不同

---

① 秃鹫资本主义：即 vulture capitalism，指对长期价值不感兴趣，捞一笔就走的投资方式。——译者注

② 创造性破坏：即 creative destruction，是美籍奥地利经济学家约瑟夫·熊彼特（Joseph A. Schumpeter，1883—1950 年）的观点。熊彼特认为，创造性破坏就是不断地从内部革新经济结构，即不断破坏旧的、创造新的结构，而这种结构的创造和破坏并不是通过价格竞争而是依靠创新的竞争实现，几乎每一次大规模的创新都淘汰了旧的技术和生产体系，建立了新的生产体系，并改写竞争规则，确立新的产业竞争关键因素。——译者注

在于“罗姆尼喜欢炒人鱿鱼，而他则喜欢创造就业机会”。洪博培所言是罗姆尼一周前的话：“我喜欢有本事解雇人。”在电视节目的实况转播中，罗姆尼也曾因自己书里的内容，随意出手1万美元（约7万人民币）与另一位竞选对手里克·佩里打赌。大多数美国人为此会善意地赌上10美元（约70元人民币）或更少，所以从他的出手就可以证明1万美元对于他来说不算什么。

罗姆尼的很多言论显示他与中产阶级不搭界，在这里举几个他失言的例子，“我不时地会挣一些演讲费（2011年一年就是37.4万美元，约260万人民币），但不是很多”“安（他的妻子）就是开了几辆凯迪拉克”“我也是失业者”“企业也是人”“我不太关心穷人”。罗姆尼在超级富有的精英阶层也是佼佼者，所以他真的不知道自己这些话对老百姓的伤害。总而言之，他的言论提醒大家，在美国过去的60年，在收入不公使贫富悬殊最大的眼下，他罗姆尼是多么富有啊！

从20世纪60年代以来，想成为美国总统的人要公开自己至少10年来的纳税申报；这样大家才能知道他有多少财富、每年挣多少钱、钱是怎样来的、纳了多少税或是为慈善免税捐了多少钱。罗姆尼的父亲乔治在1968年竞选总统时，公开过他12年的纳税申报；奥巴马、克林顿和约翰·麦凯恩都对媒体公开了自己的纳税申报；奥巴马接着还公开自己每年的纳税申报。罗姆尼起初拒绝公开自己的任何个人记录，后来在其他共和党人的巨大压力下，才公开了他2010年的纳税申报和估计了一下他2011年的收入。他的纳税申报表显示这两年他的收入是4 250万美元（约29 800万人民币），纳税620万美元（约4 300万人民币）。和普通人纳税的35%相比，他只纳了15%的税。罗姆尼确实遵纪守法，通过各种各样的金融技巧减了自己的税，对此我们不必细究，因为这些技巧是合法的。

但这样低的纳税率仍旧引起了大众的公愤，特别是当人们知道罗姆尼在巴哈马和开曼群岛有几处问题账户，并且未向美国政府纳税时。他在瑞士还有其他的账户，而瑞士银行以贮藏资金而臭名昭著。纽特·金里奇强调过此事，他盯着罗姆尼说："我不知道美国历史上的哪个总统在瑞士银行有账户。"罗姆尼承认自己在瑞士有存款，但却拒绝谈论此事。奥巴马的竞选团队和大多数美国人想知道罗姆尼在掩饰什么。此事让人们怀疑罗姆尼的人格、信任值和商业道德。我猜想他是遵纪守法的，但公开数目就会暴露他的巨富，显出他和大众不同，泄露他怎样钻中产阶级不知道的法律漏洞，公开他为摩门教捐了多少钱。所有这一切都会受到人们的强烈谴责，从而导致自己失败。但对于罗姆尼来说，问题是保守这些秘密，会使媒体和民众对他更不信任，而这也会使他失败。

罗姆尼资产净值的大部分是在美国以外的"离岸账户"和所谓的有人为其盈利、自己不亲自操作的"保密信托"[①]，所以信托投资时他是"保密"的。这是合法的，但却透露出精英阶层和大户人家的傲慢气息。罗姆尼竭力为自己辩护，这让大多数人觉得他不诚实。当人们知道他的"保密信托"执行人是他的大儿子塔加特时，事情听来就更加荒谬了。在美国历史上，还没有哪个总统竞选人曾有过这样遭人质疑的"离岸账户"，账户"离岸"就是为了不被美国政府管理和征税。大多数人知道，要是不想掩饰什么或有利可图，银行账户就没有必要"离岸"。媒体神速地将罗姆尼的行为和奥巴马的所有财产（230 万美元，约 1 600 万人民币）加以比较。奥巴马的收入几乎全部来源于自己两本书的销售和做总统的薪水。奥巴马把他的钱投到美国的长期国债上，这是在帮助国家，并且受

① 保密信托：即 Blind trust，是指委托人把财产投资交给受托人打理，受托人不向任何人披露投资情况且原则上不受委托人影响。——译者注

国家的管理,为国家纳税。

著名的《纽约时报》专栏作家弗兰克·里奇(Frank Rich)说,大多数美国人认为罗姆尼是个“骗子”,因为他立场不坚定,行动诡秘,让人生厌。里奇在说到罗姆尼的面相时,粗暴地说“(他)缺失人的核心和真实,人们经常抱怨与他难沟通”。常有人指责说罗姆尼很难为友,不愿“谈琐事”,很乏味。在这一点上,他与举止沉着、有“奥巴马没戏”(No drama Obama)之称的奥巴马有些相似。但奥巴马智慧深邃,是一位能与大众沟通的出色演说家;罗姆尼则有点“空”,这是天生的。

要是里奇说得对,那么如果罗姆尼想赢,就当尽量少露面。他需要以共和党候选人的身份露面,代表另一种势力——可振兴不景气经济的势力。他一直将焦点放在奥巴马的履职上,奥巴马的一切都对媒体公开,罗姆尼做不到。他不谈自己的政策,不谈自己的摩门教信仰,不谈自己的感情,似乎无法也不愿意显示他是谁。2012年7月10日,他对一大群人说:“我相信,如果你们理解内心深处的真我……你们就会选我当总统。”这话太惊人了,但对我们了解他却并没有任何实在的作用。他似乎无法与人交流,除了说他是一位出色的商人,他不谈任何影响自己成长的关键时刻。这远远不够,他预谋的是全球最重要的地位,地球人都想知道他是谁!

对罗姆尼的这种总体感觉始发于共和党内部推选总统候选人的争斗期间,在5个月的党内角逐中,罗姆尼一路领先,但别的人后来居上,包括米歇尔·巴赫曼(Michelle Bachmann)、何华德·凯恩(Howard Cain)、唐纳德·特朗普(Donald Trump)、里克·佩里(Rick Perry)、纽特·金里奇(Newt Gingrich)和里克·桑托罗姆(Rick Santorum)。曾出现过一场“谁都行就罗姆尼不行”的运动,但最终还是罗姆尼占了上风,他在党内一直稳有25%的支持率。当然,作为最后的人选,别的共和党人将会支持他。

共和党内的“茶党”在社会问题上不信任他，党内的自由派反对他对军事的大力支持，另有一大部分人不喜欢他的个性以及他对自己的财富不公开。即使因为这样或那样的原因不喜欢他，大多数共和党人还会支持他，因为他们更不喜欢自己的对手——奥巴马总统。

在美国人决定这场竞争胜负前为数不多的日子里，主要的问题是：人们觉得回答“我的日子是否比 4 年前好”比回答“我们想让这个国家的超富豪之一在未来的 4 年领导我们吗”更重要。政治学家相信核心问题还是奥巴马在经济上的履职，但今年是否如此，我一点儿把握都没有。

支持率和赞成率是有区别的，奥巴马的支持率是 45%，赞成率是 52%。这个数字反映出有一批民主党人，包括我在内不支持奥巴马在任时的作为。虽然我们赞扬他在全民医保法案被通过中的贡献，但在改革前进的道路上，很多时候他没有竭尽全力就妥协了。奥巴马总统在金融危机时的反应显得过于胆怯，没有坚持加强对银行和华尔街的监管。显而易见，奥巴马错过了 75 年来提升穷人和中产阶级生活水准的最佳时机。诺贝尔经济学奖得主保罗·克鲁格曼（Paul Krugman）在 2012 年写道：“奥巴马寻求两党合作，把优势拱手让给了共和党。”从 2009 年起，克鲁格曼就建议总统忘掉妥协，放弃中立政治，勇往直前，帮助人们守住家园和工作。奥巴马没有听从此建议，我们也反对他在阿富汗开战和增加无人机战。所以当民意调查者问我们是否支持他时，我们说不支持，我们的不支持就体现在那 45% 的支持率里。即便如此，与其他的候选人相比，从他的个人品质和信念上看，我们认为他是 2012 年总统竞选的最佳人选。所以，我们才会同时赞成他却不支持他。

罗姆尼必须让美国人相信自己诚实、可依赖并有社会正义感。如果真有机会做总统，他就必须提升自己的赞成率。罗姆尼要把自己塑造成一个比奥巴马更受人欢迎的人，而不仅仅是一位出色的商人和“奥林匹克冠军”。美国人常问：“他像我吗？我喜欢他吗？”如果大多数美国人对此问题的回答是肯定的，那么从 2013 年起，罗姆尼在未来的 4 年会被聘为总统。2012 年 11 月 6 日，星期四的早晨（北京时间 11 月 7 日星期三早晨），地球人将会知晓：这个号称自己是“奥林匹克冠军”的人能否在这场竞争中夺得金牌。

5."前进":辉煌的奥巴马总统

2012 年 11 月,世人将面对全球两个最强大国家的领导人的更替。至关重要乎? 不论谁将带领龙和鹰在 21 世纪前进,不论上台后的领袖是锐意改革还是遵循既定方针,这两个国家都依旧会在世界事务中举足轻重,这一点是千真万确的。在中国,随着习近平和李克强被提拔,"十八大"将会完成其使命。在美国,我们正面临正常的更替,现任总统有机会再任 4 年,克林顿总统和布什总统都曾执政 8 年。不久我们就会知道人们是否会让奥巴马也走同样的路。这确实至关重要。

4 年前的 11 月 5 日清晨,在汕头大学的一间大礼堂里,我和另外 3 位美国学者站在 200 多名师生的面前,我的身后是一块大屏幕,CNN(美国有线电视新闻网)正在直播 2008 年美国总统大选中民主党议员奥巴马和共和党议员约翰·麦凯恩的角逐。大约有两个小时,我们一直在看报道并回答师生们的提问。11 点整,报道说奥巴马获胜,他将成为第 44 届美国总统。

怪事出现了:我的双眼高兴得湿润了。最后的结果也打动了另外 3 位学者,和我一样,他们也不同寻常地流下了激动的泪水。通常教授都是心肠较硬的学者,不会在公众场合或其他地方为此等事落泪。但奥巴马的成功非同一般。新闻学教授彼得·阿奈特曾因报道20世纪60年代的越南战争而获得过普利策奖;2003年,美国军事人侵伊拉克,推翻萨达姆的统治时,他就在巴格达;他也是最后一位采访本·拉登的西方记者。大卫·马拉什是电视新闻《夜线》的巡回报道记者,在此之前,他曾是伊斯兰半岛电视英文台的著名主播。鲍乐文教授是汕头大学美国研究的学术带头人,自从开始在华东师范大学建立美国研究项目以来,他就一直在此岗位任职。我曾任美国佐治亚州的犯罪现场侦察人员,当过8年美国空军侦察机的飞行员,奥巴马当选总统时我在汕头大学教授美国政治。我们4个成年大男人,泪眼蒙眬,站在那里,为此欢呼,为师生解读奥巴马获胜的意义。

我相信我们正在目睹自己一生中难得一遇的转折瞬间,一个让美国重振国内社会和国际事务的辉煌时刻。2008年在动荡的世界经济萧条中过去了。在美国,乔治·布什总统的支持率使他成为美国有史以来最不受人欢迎的总统。他自己所在的政党对其作为也不认可,2008年的共和党全国代表大会他没有亲自发言,也没有被邀请参加2012年的共和党全国代表大会。美国人责怪他毁了国家的经济,发动了伊拉克和阿富汗战争,并以新保守派的作风,单枪匹马展开全球范围的反恐怖打击。2008年,奥巴马的竞选口号使美国人相信“希望”和“变革”是可行的。他承诺上台后实行多边政策,不论敌我,与所有国家接触。他说自己将和美国的竞争对手坐下来谈判,商讨满意的解决方案。他告诉美国人,如果大家团结起来,就会击败经济危机,使这个国家比以前更强大。

奥巴马的高调及其让人振奋的个人身世,预示着一种新的范式在这个充满希望同时也充满恐惧的世界上诞生了。我们欢呼,这张新面孔将会使全世界为了更美好的明天而团结起来。很多人相信奥巴马的成功象征着在美国以及世界的任何角落,一切都皆有可能——人们将团结起来,创造新开端，建立新概念。然而最终却是：人们的期望太多、太重。

如果简要地回顾美国历史，我们就会发现美国人从17世纪就有一种拓荒精神，在经历的前所未有的社会发展中，人们在找寻两个关键问题的答案，即“吾辈是何人”“吾辈之国何也”。在2012年8月出版的《分裂的政治之心：不满年代的美国理想之战》一书中，《华盛顿邮报》的政治专栏作家迪翁解释说，这两个问题的答案就隐藏在340年来“吾辈对个性之爱和对群体之尊”的认可和分歧中。国家及总统应当在保护和提升个人自由与维护国家利益、制定国内外事务政策之间提供平衡，政府应当在提供改革计划和建设服务时限制国家项目。这种平衡很难，但领导人不该对民众苛求过多，应当有所节制，因为政府不是群体，政府应当为社会创造一个稳定的局面，让社会中的每一个成员都受益。

然而在美国历史上有300年，你若不是白人，就没有平等。19世纪，在美国内战让奴隶获得自由、公民权问题稍有眉目之前，自由遭遇的是奴隶制度。在又经过了一个半世纪虚虚实实的奋斗后，才有了今天的局面。美国20世纪60年代血腥的种族暴动和示威游行最终使各种肤色的人进入了美国社会这个大家庭。尽管如此，种族之间的紧张并未完全消灭，所有的种族依然不平等。

这就是奥巴马的当选是一个奇迹的原因。2008年，美国通过推举一位混血儿踏进全球最有权力的办公室而在世界舆论中得以“复兴”。奥巴马的个人背景和以前所有的美国总统都不同，通过“是的，我们能”这一乐观口号，他似乎在挑战压力，重塑美国人的精神，振兴全球经济。因为他打破了最后的种族隔阂，成为美国历史上第一个非白人总统。这也使他成了美国梦之中容忍与包容的象征。在全球的许多国家，很多人实际上不是美国人，但也在街道上载歌载舞地欢呼，正如一位女士所言：“包括我们在内都有了未来”。全世界对47岁的奥巴马之“恋”达到了顶峰，他一下子就成了世界超级大国的领袖。

这位年富力强的知识分子当选总统，随即转化为美国形象的软实力，美国的国际地位得到了提升。联合国前秘书长安南说："我怀着巨大的热情目睹了美国领导人的戏剧性更替……从非洲的部落，到欧洲的王公，全世界在为之欢呼。"《华盛顿邮报》的一位报道者激动地写道："从巴黎到新德里，再到巴西的海滩……美国似乎瞬间就与全球的其他地方连在了一起。"南非的曼德拉说奥巴马的梦想是"改变世界"，大主教图图说奥巴马的当选表明"有色人种天高任鸟飞"。

德国《明镜周刊》一位报道者称赞其为"自我净化"的一刻，称赞奥巴马是"危机四伏的世界上希望的火炬"。有人认为他是第一个真正的世界总统，把人们从其前任、被很多人称之为"历史上最能制造灾难的总统"（即乔治·布什）那狭隘的民族主义思想中解救了出来。在挪威的奥斯陆，诺贝尔奖委员会也为之感动，将 2009 年的诺贝尔和平奖颁发给了奥巴马。显然，这有些过于热情和目光短浅，毕竟奥巴马对世界和平还没有任何建树。但这个奖显示出世人对这位年富力强的黑人总统的乐观。安南对很多人说："不管怎样，他（奥巴马）当选证明美国绝对有能力重振雄风，来适应这个变化的世界。"在奥巴马取代布什成为总统的那一天，全世界痛斥美国是"流氓超级大国"的声音消失了。

当然，仍有很多国家理所当然地保持谨慎，在许多地方，反美情绪在高涨。但一位接受过高等教育、父亲是非洲人、自己在印度尼西亚的穆斯林学校上过学、从一开始就反对伊拉克战争的黑人总统对美国是有利的，也让世人开了眼界。在他的就职演讲中，奥巴马对那些欲损坏和伤害美国的个人、团体和国家说："如果你们愿意放开拳头，我们就会伸出手。"奥巴马将自己当总统后的第一次电视采访给了伊斯兰的电视网络"阿拉伯人"，并承诺要首先恢复与阿拉伯世界的"尊重和伙伴关系"，他明确地说："美国不是你们的敌人。"伊拉克和阿富汗的战争与塔利班基地组织的不懈斗争，并没有使所有的阿拉伯国家相信奥巴马是他们的朋友，但人们清楚地看到，他没有其前任乔治·布什总统那样危险，似乎也没有罗姆尼危险。

2012年的总统竞选将主要围绕美国的经济实力、国内问题和社会价值观。在国内，当奥巴马在2008年当选总统时，美国的金融危机很像20世纪30年代的"大萧条"，很多分析家期望奥巴马会推出新"新政"。"新政"[①]（1933—1945年）最初为罗斯福总统创立，他将美国转化为一个福利国家，通过国家项目帮助穷人、患病的人、少数民族、老人、学生和妇女过上了好日子。罗斯福还设立政府机构，调控银行、制约企业和公司老板，增加富人的税收，通过政府项目将所得财富重新分配给穷人，罗斯福一直被列为美国历史上最优秀的五位总统之一。

新"新政"即便是政府投入很大也没有物质化，奥巴马通过法律保证女性和男性同工同酬，实施医保计划，使大多数美国人有了医保。奥巴马总统深信社会公正，要是在经济好的时候，他完全可以做得更好。除了在国内问题上的这些成就，奥巴马一直无法也不愿意百尺竿头，更进一步，部分问题在于他过分依赖酿造了这次危机的专家和银行。他决定拯救银行系统，国会通过了一项7 870亿美元的经济刺激一揽子计划，这是继布什总统在位的最后日子里国会通过7 000亿美元的延续。其结果是在随之而来的次级抵押贷款危机和丧失抵押品赎回权时代，没有多少钱被用来帮助支持失业者和失去了房子的民众。然而，奥巴马仍旧需要更多的资金来实施更大的经济刺激一揽子计划——即便这会降低国家的信用评

① 新政：即New Deal，20世纪30年代，美国经济陷入了经济危机的泥淖，以往蒸蒸日上的美国社会逐步被存货堆积、工人失业、商店关门的凄凉景象所代替。罗斯福针对当时的实际，顺应广大民众的意志，大刀阔斧地实施了一系列旨在克服危机的政策措施，历史上被称为"新政"。新政的主要内容可以用"三R"来概括，即Recovery（复兴）、Relief（救济）、Reform（改革）。——译者注

级。最终,获救的是银行,而非老百姓。

共和党人除了增加军费开支,竭力阻止政府的支出,他们认为美国不应通过向中国和其他国家借贷而进一步提高债务。美国正需要政府的支出,然而奥巴马却向不愿意与他妥协的共和党人妥协了。历史学家诺姆·沙伊贝儿在他2012年出版的《逃逸的艺术家:奥巴马团队如何复苏经济》一书中提到,经济学家保罗·克鲁格曼认为,“华尔街对民主党的影响使其逃脱了为自己的行为付出相关的代价。通过逃避有效干预,奥巴马面对不愿妥协的共和党人败下阵来”。克鲁格曼想让政府支出更多,并用增加富人的税收来弥补这些支出。这样银行面对严厉的监管,就不会重蹈经济危机的老路。但由于奥巴马不给力,所以美国的经济依旧疲软。

伴随着失业率居高不下,经济依然不景气,奥巴马会选择讨论社会问题。相形之下,罗姆尼则希望把重心放在重振美国的经济上。罗姆尼知道奥巴马有魅力,他说,是的,大家都喜欢他,但我们需要一个能振兴经济、能为美国人民提供就业机会的领导人。社会问题会让罗姆尼显得脱离民众,如果美国人专注于罗姆尼的巨富和他的摩门教信仰,他就会失去人们的支持。对罗姆尼来说,把经济、军事、遏制美国的衰退与奥巴马的对外政策和反美倾向搅在一起,话题就比较安全。

奥巴马喜欢谈论人人平等,谈论女人在决定是否堕胎时有权自己做主,谈论哪怕是和同性结合人们也有婚姻自主权,谈论同性恋有权在军队服役,谈论人人有权享受政府掏钱的医保和扩大社会福利。他支持增加对学生的资助,赞成更加公平和开放的移民政策,主张向富人加税,从而使财富得以二次分配,让更多的人加入到中产阶级的行列。这些社会问题的解决和福利的增加都需要政府的大力支持,共和党人一直批评奥巴马,称其做法是“奥巴产主义”,就是把奥巴马和共产主义连在一起。

2008年,奥巴马激励了美国人,他承诺要改革,他与布什总统截然不同,也比麦凯恩年轻(奥巴马47岁,麦凯恩72岁)。2012年,经济形势不好,美国的工人在受罪,奥巴马要让人们相信他还是比罗姆尼和共和党人好。奥巴马的竞选口号是"前进",他意欲让人们把他的口号解读为"勇往直前",这是在呼吁要百尺竿头,更进一步,是在呼吁成功,意味着除了勇往直前别无他途。这也是在呼吁不要倒退、回到没有监管的自由市场模式,从而导致世界经济的衰退。奥巴马说罗姆尼的政策就是要回到乔治·布什失败的老路上去,他说罗姆尼让人无法接受,因为罗姆尼反对政府解决问题的方式,在国内外关系上赞同自由市场模式。

眼下的大多数竞争是围绕着"魅力"(美国人赞成和喜欢的是奥巴马还是罗姆尼)和"家庭经济"(同4年前相比,美国人的日子是否更好)问题。政治家一直认为美国人在用这把尺子衡量自己会支持谁。在美国总统选举中,同国内的问题相比,外交政策问题一直屈居第二。2012年亦会如此,虽然看上去全球化问题、"中国威胁论"和世界经济问题显得很重要。美国人知道"中美国"相互交织的经济,即克林顿总统曾经所说的"国内外"经济,会影响美国人的日常生活。2008年,在美国的选举中,中国无足轻重;但在2012年,中国却是举足轻重。

奥巴马总统的中东问题高级顾问杰弗里·贝德2012年写了一本新书——《奥巴马与中国的崛起》。根据贝德的说法,从奥巴马履职的第一天起,他就把重心放在推行普世观念和建立多边关系上,寻求一种与中国保持现状的务实的关系。和布什总统不同,奥巴马想和中国成为合作伙伴,而不是竞争对手。和布什不同的还有,奥巴马在白宫设正规的国宴欢迎来访的胡锦涛主席。2012年2月,习近平副主席访问美国时,待遇极高,包括在五角大楼里与美国的军方领导会面并共进晚宴(这种礼遇通常只有在接待美国的西方盟友时才会如此)。

另外,奥巴马是唯一一位在总统任职的第一年就访问中国的总统——这就意味着他承认中国在崛起,事实上也在于美国对中国的公开债务超过了1万亿美元。奥巴马认为布什对伊拉克和阿富汗的战争打乱了平衡,使得美国未能加强和太平洋盟国的关系。他上任两周后,就派国务卿希拉里·克林顿访问中国、韩国、印度尼西亚和日本,强调和亚太国家合作以及建立多边世界秩序的重要性。希拉里一再说"我们要把一个多极世界变成为一个多边伙伴世界"。贝德的报道说"美国对提升民主和人权的热情显示这对经济发展、国内稳定、文化兴趣以及区域平衡影响不大"。显然,双边关系在经受考验,虽然眼下的关系不像以前经济相互依赖、互惠互利时那样脆弱。

奥巴马寻求的是一种更加公开和尊重的对话,他承认中美之间的文化差异,寻求在龙与鹰之间建立一种更加牢固的关系。即便是有一些由来已久的问题以及目前各种紧张的状况,如被中国领导人称为"不可争议的问题""主权问题"和"核心问题",但他的努力大多是达到了目的的。在此,举一些近期与中国紧张的问题:二氧化碳污染的排放与环境问题,货币价值问题,达赖喇嘛和西藏问题,以及韩国"天安号"沉没的问题,朝鲜的核武器计划问题,叙利亚的内战问题等。世界媒体上所见到的很多问题,需要最强大的两个国家商谈的有很多。

透过这些挑战和潜在的问题,胡锦涛、奥巴马、温家宝和希拉里都在通过信任、灵活的变通和有选择性的合作追求正效应。奥巴马多次强调说,虽然共和党惧怕龙,但他欢迎中国的崛起。奥巴马显然是在学《孙子兵法》,他强调双方共同进步的这一步棋,比相互指责和让人刺耳的民族主义喊叫更加高明。在总结自己对奥巴马政策的评价时,著名分析家詹姆斯·法洛斯在2012年3月的《大西洋月刊》上称赞奥巴马总统"使美国与中国的关系处在多年以来较好的状态,这一重任对于21世纪的任何总统来讲都是至关重要的”。在评估奥巴马4年来的执政情况时，著名刊物《经济学家》2012年9月在“与中国的经济关系处理上”给奥巴马的打分很高。

但并非人人看法一致，罗姆尼和共和党说奥巴马让美国在衰退，说他过于随和，在国家安全事务上过于胆怯，实际上是“北京的乞求者”，所谓乞求者，乃向人屈膝求欢，听人发号施令者也。将随罗姆尼当选总统而任副总统的国会议员保罗·瑞恩说，奥巴马是中国的“门垫子”，任人家踩踏。共和党人还指责奥巴马为美国的价值观而“道歉”，任中国践踏美国的利益。

很多人支持极具偏见的煽动性纪录片《死于中国之手》，该片于2012年9月在全美公映。该片以2011年彼得·纳瓦尔和格雷格·奥特里出版的一本书为脚本，就是为了在总统大选中把中国问题放大。纳瓦尔呼吁抵制所有“中国制造”的产品，说美国是中国的“附庸”，称中国是一个“掠夺性国家”。影片中，一把“中国制造”的刺刀扎在美国的心脏上，美国把所有的就业机会都抛了出去。人们说：“要是我们问这该怪谁，我觉得部分是因为我们的政府，我们自己的政府应当有所为，政府完全可以在很久以前就遏制这一切。”这些话的含义很清楚：奥巴马难辞其咎，他让中国人抢了美国人的工作，他应当被取而代之。

共和党人坚持认为在世界这个大家庭中，美国并非只是一个与大家平等的国家，而是最优秀的国家，是一个例外，即便是增加军事上的挑衅和武断，也应当保持自己独一无二的地位。2012年8月，美国前国务卿赖斯指责奥巴马在重大问题上“躲在幕后”，如允许北约在对利比亚的作战中充当主力，对以色列的支持不是一心一意。议员麦凯恩意欲动用更多的军事力量，他说：“悲哀的是，叙利亚、伊朗和世界上其他一些国家的持不同政见者，声音孤单，感觉自己是被遗忘在了黑暗中；对于我们来说同样悲哀，我们的总统对我们的价值观不忠。”麦凯恩指责奥巴马在需要强硬行动时“麻痹”。

2012 年 6 月访问以色列时，罗姆尼谈到了美国与以色列的“神圣关系”，并要求如果以色列总理内塔尼亚胡觉得有必要，美国就应当支持对伊朗实施军事打击。共和党人反对奥巴马支持为巴勒斯坦人建立家园——这会减轻以色列和巴勒斯坦的宿怨。共和党人的指责源于一个流传甚广的谣言，即奥巴马并非真的出生在美国，而是出生在印度尼西亚，他是一个秘密的穆斯林，想毁掉以色列。这听来滑稽吗？是的，滑稽透顶，但还更有甚者。

在最近的共和党人民意测验中，45% 的人说他们相信奥巴马出生在外国，根本就没有资格当美国总统。那些认为奥巴马不是真正美国人的人被称为“出生地怀疑派”，他们相信阴谋论，警告人们有《谍网迷魂》①，就是说有外国间谍，受外国的指使，试图从内部颠覆美国。在今年的总统大选中，共和党人宣称奥巴马有“肯尼亚人的反殖民世界观”，说他是一个社会主义分子，是一个激进的“左派”，是一个共产主义分子，还说他反美。共和党最有影响的广播脱口秀节目主持人拉什·林博每天发表长篇大论批评奥巴马，诸如“这就是我们的总统，一位激进的空想家，一个冷酷的政客，蔑视这个国家和使其建国并得以强大的方针，他憎恨这个国家”。

在 2010 年出版的《奥巴马愤怒的根源》一书中，共和党人的辩手迪内希·德·索萨在书中写道，奥巴马是“一个受其父亲反殖民思想指使的人，他是美国总统中第一个想瓦解美国势力、削弱美国影响和降低美国

① 《谍网迷魂》(*The Manchurian Candidate*)，是 2004 年一部翻拍自美国 60 年代的同名电影。原电影讲述的是一个美国军官在朝鲜战争中被中国军队俘虏，后被洗脑返回美国成为间谍的故事。翻拍后的电影改成以海湾战争为背景，但没有改变名字，也有人将片名译为《满洲候选人》。——译者注

生活标准的人”。当然,这是最高级别的无稽之谈了。但德·索萨炮制了一部电影《2016:奥巴马的美国》,该片于2012年8月开始在美国的上千家影院公映。影片预测如果奥巴马再任4年总统,美国将会失去在世界上的地位。“奥巴马有一个梦想,这个梦想源于他的(肯尼亚)父亲,梦想着殖民主义的罪恶被清算,美国被打倒。”德·索萨解释说这不同于美国的缔造者所强调自由的美国梦,他说我们真的不知道奥巴马是何许人也。接着他发问:“我们将带着怎样的梦想跨入2016年?”

他的观点,以及“出生地怀疑派”的观点和罗姆尼的竞选交织在一起,他们坚持认为如果美国想要在21世纪作为世界盟主阔步向前,就要阻止奥巴马。所有这一切诽谤的目的就是为了诋毁奥巴马,阻止其连任。这些人的一个最基本的指责是,奥巴马为了寻求和其他国家基于全球规范的多边关系,总是极易妥协。迪翁说无论是在国内还是国际事务上,奥巴马过于注重社区的价值,以期得到共和党更大的支持。

2012年8月28日,在佛罗里达州举行的共和党全国代表大会是共和党的政治平台,共和党抛出了自己的宣言,在这个平台上,共和党指责奥巴马实际上是一个屈服于中国的“投降分子”,并批评中国的经济活动,特别是对货币的操纵。罗姆尼公开讥笑奥巴马的履职,并承诺要重振美国独一无二的实力。大多数共和党人在国际关系和对台湾增加武器销售问题上强烈支持现实主义者和新保守派的观点。他们认为中国在南海问题上的地缘政治宣称不是事实。有的共和党人则想让美国在世界上采取更加孤立的姿态,坚守民族主义,认为在这个世界上每一个国家都在和其他国家斗争。如果获胜,共和党承诺要惩罚龙,对中国实行贸易制裁。在一次滑稽的声明中,共和党人说,如果中国不停止非法贸易行为,在罗姆尼领导下的新政府就会“终止使用中国产品和服务”。很明显,这是一个不识时务的范例,跟不上新世界秩序前进的步伐。

新华社正确地回应说罗姆尼和共和党还陷在“冷战思维”的泥淖中，“散布‘中国威胁论’，志在遏制中国的崛起”。《中国日报》说虽然中国的领导人知道，为了赢得选举，罗姆尼在打“反华派”的牌，但他的言行“好斗”，是在“挑衅”。《中国日报》警告说，“他的中国政策如果得以实施，就会引起双边关系的倒退，从而引起中国和美国的公开对抗”。另外，“要想对双边关系中有广泛共识的最主要问题做出理性的政策建议，不仅需要政治远见，也需要博大的学问，而他（罗姆尼）显然是两者都不具备”。所以，虽然新华社不赞成奥巴马“重返亚洲”和对中国南海的政策，但中国的领导人看出罗姆尼将会更难对付，因为他特别偏执，仍保持着美国老掉牙的“冷战”时的旧思想，认为美国和中国是在一场“零和”博弈中争夺世界霸权。

当我在称赞奥巴马对全球相互依赖和多边关系的努力时，没有人怀疑奥巴马是真正地在为美国的领导地位和安全着想。有人对他动用无人机、海豹突击队、空军和开展网络战感到惊讶。纵观全局，奥巴马并没有舍弃布什在伊拉克和阿富汗的方针，而是在继往开来，包括维持关塔那摩监狱、无期限地关押犯人、以“国家安全”的幌子继续国内的侦察机项目。在对伊朗的核分离技术实施“蠕虫病毒”①的网络病毒袭击后，美国成为世界上第一个对别国的军事系统展开网络战的国家。在阿富汗的战争成了美国历史上的最久之战，也将永远被认为是“奥巴马之战”，因为他支持和扩大了这场冲突。从正面来看，奥巴马总统的确结束了伊拉克的战争，把布什的“反恐战”转变为更加收敛的“反基地战”。

奥巴马总统做出了追杀本·拉登的艰难决定，在没有征得巴基斯坦同意的情况下，允许美国海豹突击队完成这一使命。奥巴马清醒地认识

① 蠕虫病毒：即 Stuxnet worm，又叫超级工厂病毒，是世界上首个专门针对工业控制系统编写的破坏性病毒，病毒可承担“网络导弹”的重任。它不再以刺探情报为己任，而是能根据指令，分辨和破坏某些“极具争议”的要害目标。——译者注

到国家主权比政府重要，但他对国家主权的认识也要求其他国家要分担管理全球的责任。国家主权和国家利益并未赋予任何国家有权杀戮在自己国家疆界内居住的人。由于对抗和单边立场的减少以及合作的增加，奥巴马的对外政策在实用的国际主义、尊重他人的言辞和总体象征上变化很大。

种族和族裔会影响美国大选的结果，美国的总人口正在失去白人为多数的局面——现在还没有发生，但不久白人将不会再占大多数。在2012年，成年人中白人仍旧为大多数，选民中74%是白人，正如政治分析家乔纳森·蔡特指出的那样——白人太多了。这一点之所以有关系，是因为民主党是一个多民族群体，白人约为58%，非白人为42%；而共和党则更整齐划一，白人占92%，非白人成员仅占8%。

奥巴马在非白人选民群体中威信高，近期的民意测验显示75%的拉丁和西班牙裔选民、94%的黑人选民会支持奥巴马，57%的亚裔觉得对奥巴马有好感。这个数字意味着罗姆尼必须要在白人的选票上大幅超过奥巴马，如果说他还有机会赢得选举，至少要拉到35%—65%的选票。《大西洋月刊》的专栏作家塔内尔斯·科茨在2012年8月的一篇文章中写道："对于那些长期以来注重非白人莫属的人来讲，奥巴马总统的存在就是瞎搞，甚至是让人恐怖的。"大多数分析家清楚共和党内的很多人希望美国依旧是一个白人国家，如克鲁格曼在《纽约时报》指出的那样，他们"对少数族裔的发展和壮大很警惕"。

由于在社会问题上的立场，奥巴马在女性和年轻人，特别是大学生中很有人缘。在2012年8月，61%的美国人说从"魅力"来看奥巴马会赢，只有27%的人觉得罗姆尼更有希望。奥巴马会把自己的个人魅力发挥到极致，另外，奥巴马的中产阶级背景会使他更加接近美国的主流。与富有的纨绔子弟罗姆尼不同，奥巴马战胜了肤色带给他的种族歧视，工作勤奋,学习刻苦,从平民走向了总统的宝座,实现了自己的梦想。总体说来,2008 年支持他的人,在 2012 年将会一如既往地支持他。

通常,现任总统在争取连任时,美国人会考虑是否认可其在第一任期内的作为。而今年,人们主要关注的似乎不是“他履行了自己的诺言吗”或他是成功还是失败了,而考虑的是“奥巴马比罗姆尼好还是差”,奥巴马未能振兴经济,但他的确刺激和拯救了美国经济。要是他没有举措,那将会是一场大灾难。他增加了债务,但却躲过了一场“大萧条”。他击毙了本·拉登,增加了军费支出,但却结束了伊拉克战争。他富有智慧,镜头感强,是一位极有天赋的知识型演说家。在全世界,奥巴马仍旧辉煌。

所以,美国人在思量自己的选择。2008 年那辉煌的瞬间已经成为过往烟云,眼下的美国的确四分五裂,奥巴马不能再次用“改革和希望”这个有吸引力的竞选口号了。他已任职 4 年,对他的评价要看他的政绩。美国人和全世界都知道,在奥巴马的领导下,一切并不尽如人意;在罗姆尼领导下也许会有好转,但也有可能更糟。罗姆尼是一位精明的商人,要是他对外交政策有点了解,并注意控制自己的言辞,他也许会成为一位优秀的总统。如果美国人觉得这样就足矣,认为罗姆尼虽然不让人喜欢,但还是“可接受的”,大选的结果将会非常接近,共和党就有可能获胜。要是罗姆尼最终不被人们接受,奥巴马将会很容易胜出。大多数美国人不会在意他人登上奥巴马在白宫的宝座,但罗姆尼似乎没有理由登台。如果在 2012 年 10 月,经济局势不下滑,外交事务稳定,我相信美国人会认为奥巴马是带领这个国家走向未来的最佳选择。

前进,一路向前。

6. 同槽相欺：民族主义与美国总统的言辞

在我居住的斯堪的纳维亚，一则民间故事的结尾曰："无食，同槽相欺。"作为开场白，让我们想象一下，有三匹母马，家境殷实，和自己的儿女快乐地生活在舒适的马厩里。它们趾高气扬，欢歌笑语，为自己和各自的政府而自豪。三匹马之间互有买卖和生意，这种复杂而互通的经济势力很强大。马妈妈吹嘘孩子们的成绩，炫耀孩子们上的大学。马槽里盛满了草料，马都很健康、有教养，各有自己的财产，作为农夫、生意人和政府公务员，个个都有不错的工作。

但世界经济变得不景气了，随着制造业的萎缩，三匹马为了家里的生计，都苦苦挣扎想保住饭碗。它们看到有些马失业了，付不起按揭款。随着草料价格的飙升，这三匹马开始搜寻新的草料资源。每一个都觉得其他两个在掠夺大家以前共享的草原。这些草原值得为之而战，它们也看到别的马在生意上很自私。

怨恨和经济威胁的增加，使得马开始互相指手画脚，并扬言要报复，不只是为了当下的困境，也为了过去所遭遇的欺骗和威胁。它们以各自的出身，即汗马、海马和天马为背景，挥舞着道德和国家这面大旗，看着银行的账户，审视就业机会，担忧未来的局势。它们的妻子和儿女们告诉它们不要让其他的马占自己的便宜。它们则提醒自己要对得起祖先和维护自己的权益。马开始相信其他的马不再尊重自己，它们听到其他的马告自己行为不轨、偷窃资源，于是开始抗议。不久，所有的马都拿起了武器。当然，这不过是个神话，人们知道马有武器是假，有利齿是真。故，无食，同槽相欺。

眼下的民族主义情绪弥漫天空和大地，犹如春雨后的野草。有的是善意和祥和的，如运动员在伦敦奥运会的速度、技巧和力量的角逐。当我们看到人的身体和意志所能达到的极致时，谁不会为之惊叹呢？当我们看到有的运动员长得像我们，或是站在我们国家的国旗下时甚至会更加激动。这样的民族主义情绪是何等让人欢欣鼓舞啊！这4年一次的国别大阅兵，展现的是一个由不同体魄、肤色、语言、服饰和种族特色打造出的一个多彩世界。

然而，民族主义情绪也有其悲哀和有害的一面，如美国政客在打"中国牌"时所显示出的"偏执"，将美国的失业和从"老大"宝座上的跌落归咎于中国人。当日本领导人拒绝承认中国在南海和东海的岛屿领权时，民族主义情绪就演化成了挑衅和危险，甚至失控，如西安的游行者砸毁日本的电器工厂、掀翻日产汽车和威胁开日产车的人。过度的爱国主义民族情绪会导致国家不和，成为双边战争和世界大战的导火索。

诚然，民族主义的定义是多面的。大多数分析家将其分为两大最基本的潮流。一是每个人会说"我是中国人""我是美国人"或"我是日本人"。这是一种基于历史、文化价值观、家庭关系，有时甚至是生物属性的身份认同(但也并非常常如此)。这种民族主义聚焦于理念和理想，其强烈的感情属于政府和社会组织层面。比如说，美国是一个"理念国家"，构成其文化的理念是通过接受教育、维护个人权利和富有责任心而成功。这一理念比美国政府的年龄还长。

近12年前，乔治·布什在其总统就职演讲中提到过这种民族主义，他说："血缘、出身或地域从未将美国联合起来。只有理想，使我们心系一处，超越自己，放弃个人利益，并逐步领会何谓公民。"所谓"血缘"，布什意指美国人不是一个特定的种族或族裔团体；所谓"出身"，他指的是美国是由来自世界各地的移民组成的；所谓"地域"，他指的是地理上的疆域没有理念重要。

8年后，布什见证了一位名叫奥巴马的黑人成为美国历史上第一位非白人总统。布什说这是一个"希望和自豪的瞬间"，映射出美国"承诺的经久不衰"。布什表达的这种民族主义是一种没有地理疆域和不受父辈国籍和族裔背景约束的公民民族主义。奥巴马赞成这一观念，他在表达自己的爱国心时说，美国"吸纳了世界各个角落的语言和文化"。

爱国心——即对自己的国家有爱心，为之感到自豪并愿意为之捐躯、劳作和奉献经济支持——不是民族主义。虽然有时这两个词被互用，词义也有相同之处。在地理疆域把世界划分为不同国家时，爱国心和民族主义乃人之常情。不同的种族和族裔历经几千年的时间，在强大的皇帝、国王、苏丹[①]、革命领袖、总统、总理或其他领导人的努力下，划定国界，制定律法。多少世纪过去了，这些根据历史记录、征战和拥有强大军事力量者所划定的"界线"被画到了地图上。这些界线成了国家的边界，形成了大家认可的一个个国家。但一个国家的诞生，像领导人寻找政治利益一样会导致领土争端。

地图的形成是另一种形式的民族主义，不是布什和奥巴马所描述的民族主义，而是大多数人口中的民族主义。这是一种基于对地球上特定的土地、天空和海洋的爱而萌发的物质和地理民族主义。这些地方是有形的，可以被拥有或夺取。因此，地理上的民族主义和理想与理念上的民

---

① 苏丹，某些伊斯兰国家最高统治者的称号。——译者注

族主义——即人们心中的信仰和梦想——大不相同。地理上的要求是依据法律以及有形财产的购买和转让而形成的。正如国家领导人常常会与他国签订条约,合法地授权一个团体的人民统治另一个团体的领土。国与国之间的这种财产转让几乎每一次都是战争的结果。大国就是这样崛起的,超级大国也不例外。

在眼下的竞争、合作与权力关系变化的世界竞技场上,全球经济最强大的三个国家——美国、中国和日本——属于最具民族主义的国家。每个国家的爱国者极易被另两个国家以及比其弱的,在安全、贸易、利益和就业上依赖于它的国家的举动而触动。这种合法的民族主义面对的是经济上的合法。这三个国家的经济既复杂又互相依赖,过分的爱国主义民族情绪会损害其经济体制。这种两难推理在于怎样在一个崭新的全球格局中平衡民族主义情绪和经济。因为国内的动荡和购买模式会影响或遏制经济的增长。我的意思是说,如果中国的经济开始下滑,也会像其经济持续增长一样带来全球金融的动荡;如果日本和美国倒下,其所产生的涟漪就会化为一场危害世界的金融海啸。

当一个国家的经济持续增长,人民生活繁荣昌盛时,会出现两种情况:一是国民对国家和自己感觉良好;二是国际关系的总则是合作和让步。在国内,人们有自信,为自己的进步和地位的提高而自豪。作为国民,为自己的人民、政府和国家在世界舞台上所受到的尊重而骄傲。只要能养家糊口,前途越来越光明,就会不顾以前的战争、侵略和殖民所带来的伤害。有争议的民族会联手,如接受强调加强中美关系的跨国概念"中美国",接受诸如联合国和世界贸易组织的国际和多边准则规范。在经济繁荣的时候,人们会觉得世界是一个大家都受益的正和游戏,而非一方受益,另一方受损的零和游戏。但当经济不景气、工作难觅、无法偿还按揭、政府无法给生活一下子变得不如从前的人提供安全保障时,领导人就会更加敏感并加强竞争。到这时,民族主义就会转化为保护主义和相互指手画脚。民众要求改革,政府就不得不回应民众越来越高的呼声,想办法重塑辉煌。

社会学家说,当人们担心失去好不容易得来的中产阶级地位时,就会产生"身份焦虑"。人们不期望降低自己的薪水标准,不理解为什么自己在经济上不如从前了。比如人们会问:"2013 年会不会有好转?"有的人想知道:"到底出了什么事,这一切怪谁呢?"要不了多久,马就用蹄踩地,显示自己的强势,嚷着要报复,上演同槽相欺。

对于许多对现状不满的人来说,这些问题的答案似乎是怪自己的政府腐败,或者是相信奇谈怪论,认为是因为外国人和其他国家行为不轨。政府一般宁愿相信人民不会责怪自己的政府,故会大放厥词,嫁祸于人。这也是政府为了维护国内和平、动员民众同仇敌忾的惯用伎俩。要怪就怪外贸不公平和行为不轨。在民众和其领导人寻找替罪羊时,历史露面了。历史上有诸多的恐惧和屈辱还没有得到清算,当人们为了经济和安全寻求控制陆地和海上(包括地下和海底的经济资源)的通道时就会引起地理上的疆域之争。忽然间,一次小小的贸易摩擦、一句不经意的言辞和微不足道的财产争端就会煽起一场意想不到的争议大战。一个国家的人开始抗议另一个国家为了自己利益的作为或不作为,民族主义情绪开始高涨。作为回应,受到责怪的一国会给予反击,两个国家的爱国心撞在了一起。正如儿歌里唱的:"绕啊,绕啊,绕圈圈,哪里歇,不知道。"

比如,2012 年 8 月在成都,高喊反日口号的人群中,有一位喊道:"宁可华夏遍地坟,也要杀光日本人。"这是历史引起的民族主义情绪。人们想起了 1895 年的中日战争和 1937 年日本在南京大屠杀的暴行。所以,今天当日本的民族主义者要求控制钓鱼岛时,中国的民族主义者绝不答应。美国因与日本的条约和美国海军在此领域的出现被指责与日本串通在一起。对于中国而言,失去钓鱼岛将会成为无法想象的国耻。绕啊,绕啊,绕圈圈,日本和美国不会让中国不费一点事就得到钓鱼岛。2012 年的主旋律是:日本不行了,美国在衰落,中国在崛起。这会让日本抓住钓鱼岛不放,抵住中国,哪怕是发生战争。中国相信,日本敢这样肆无忌惮就是因为有美国的庇护。我倒认为,冷静的头脑会占上风,这场争端枪未响就会平息。2012 年 8 月的《外交政策》有篇文章预测,如果中日爆发海战,日本会赢。诸如此类的猜测只会煽动争端各方的民族主义情绪,容易造成双方为了军备竞赛而制造更多的军事武器。

毫无疑问,2007 年爆发、2008 年加剧的全球经济危机使世界各地的爱国民族主义情绪更加高涨。在此危机爆发的十几年前,总体说来全球都在经历持续的繁荣,面对的是贸易顺差的增长和经济的相互依赖。随着危机的加剧,随着其对作为一个整体的欧盟和对世界其他国家的威胁,小小的争端演化成了大挫伤。当然一切都是政治在作怪。中国认为发展自己的时机来临了,在国际体制下,中国实用理论下的这一强国概念无可厚非。龙的巨大经济成就折射在其国民强烈的自豪感里。同时,美国转向了遏制中国,这对于现实主义理论下的超级大国政治来说也是可以预见的,任何时候,当世界霸权在竞争者面前掉份时就会如此。而日本被夹在了中间,其任何对中国的遏制举动和对美国的不敬行为都会引起全球的政客、军事领袖、实业人士和普通民众的高度关注。

所有的国家都在抢生意,而需要能源资源和面对未来几年领导人的更换这一现实使局势更加不稳。美国在维持与日本签订的双边义务合约时需小心翼翼,不要因为中国的领土主权问题而与中国对抗。三个国家都应小心谨慎,以防过度的爱国思想蔓延,从而使其在敏感的经济不景气状态下失控。中国与日本在 2011 年的贸易总额为3 400亿美元，与美国的贸易总额为 5 000 亿美元；日本与美国的贸易总额为 2 000 亿美元。扩大争端，破坏世界秩序，失去三个国家之间超万亿的贸易利润，明显对谁也没有好处。对于中国、美国和日本的大多数人来说，槽里的饲料显然依旧很丰盛。

在 2012 年 10 月出版的新作《纠结的泰坦①：中国与美国》(*Tangled Titans: The United States and China*)一书中，政治学家大卫·香博(David Shambaugh)不再使用"冉冉升起的太阳"，他说只有龙和鹰是"今天这个全球舞台上真正的两大主演"。大卫·香博认为眼下的中美关系是"合竞"，他的意思是说双方交织在一起，有时是一种合作与竞争交织的矛盾体。他认为自己的解释胜过罗伯特·凯恩将"遏制"(Containment)和"接触"(Engagement)两个词组合到一起提出的"车闸"(Congagement)关系。香博说随着双方不信任度的增加，合作在减少，竞争在加剧，甚至会导致更大的动作。伴随着民族主义情绪的高涨，双方的分歧超过了趋同。历经百年的屈辱，中国要重振自己的大国地位身份。美国人会问："在中国挑战我们的时候，我们为什么要和其合作？"两个国家都从各自骄人的历史中看出自己是独一无二的，并坚信为别的国家树起了一个榜样。这种理解导致了双方的竞争性共存，这需要谨慎经营和仔细分析。92% 的美国人说美国应当在世界事物中继续担当"有分量的角色"，86% 的人说美国的力量"是为了世界的美好"。中国人讲类似爱国话的人占几成，无人知晓，但可能不比美国人少。

在其早期的著作里，香博把中美关系描述为既爱又恨。他说中国把美国称为"美丽的帝国主义者"，在模仿的同时又感到恐惧。2012 年，克

① 泰坦或提坦：即 Titans，是希腊神话中曾统治世界的古老神族，这个家族是天穹之神乌拉诺斯和大地女神盖亚(盖娅)的子女，他们曾统治世界，后被宙斯家族推翻并取代。——译者注

里斯托弗·福特将这种矛盾评价称为“酸甜渴望”，基于渴望富有和强大。中国越来越成为一个强大对手，抵制美国对自己的演变。福特说今天的中国表现有其目的，即所谓的“终极目的”，那就是重振中国“在世界上一直以为自己可以拥有但却一直没有得到的骄傲、价值、角色和实力：成为受人尊重的大国，拥有一流的文明”。这一“终极目的”使中国共产党的“铁腕”合法化，这一点对于理解中国人高涨的民族主义情绪尤为关键。他们认为自己的目标不是简单的“崛起”，而是“重振雄风”。福特说自从经济危机以来，中国的领导人就一直更多地站在美国利益的对立面，怀疑美国在中国刚有可能重塑辉煌时试图合围中国。中国不再认为美国是经济力量的楷模，但却依旧“眼红”美国在世界秩序中的政治力量和角色。

领导人的更替、领导人对本国公民和对外国人的不同言辞，使得这些竞争性的民族主义情绪格外显眼。在这个特殊的时刻，在总统大选难分高低的日子里，美国政治家在驾驭自己的言辞和举动时不够谨慎。期望得到国内政治力量支持的政治家，为人们怕在竞争中败给中国火上浇油，煽动人们的爱国情绪，报复所谓的贸易不规。共和党和民主党都在打“中国牌”，或者如人们常说的那样在“痛批中国”。我曾经在以前的文章中谈过此事，在此，我将把这一话题稍微展开一些来谈。

2012 年 9 月，在美国总统大选进入最关键的阶段后，人们关注的话题依旧是国内的经济困境、就业机会和失业人数。然而在有关刺激经济增长需要的资金、偿还国债、提高还是减少税收、减少政府开支、减少军费和医疗支出等问题的辩论结束后，奥巴马和罗姆尼忽然开始极度重视外交政策和国家安全问题。部分原因是 2012 年 9 月 11 日，利比亚的美国驻班加西领事馆遭到恐怖袭击，一名美国大使和三名美国公民丧生。另外，在阿富汗的持久战中，要求美国干预叙利亚，支持以色列打击伊朗核设施等越来越高的呼声引起了人们的关注。在亚洲和中东也爆发了抗议美国的暴力行为。

为了使美国的国内经济焦点也囊括外交政策,美国人根据自己的看法,将国内的经济困境和失业与中国的崛起扯到一起。总体说来,美国人认为中国目前在军事上还不是美国的对手,对美国也没有军事威胁。在美国人眼里,中国不是敌人,只是一个经济上的竞争者。想登上总统宝座的人历来就有把中国当作“楔子问题”(wedge issue,也译为“争端问题”)来说事的先例,责怪以前的总统对中国手软,以便赢得选民的支持。共和党候选人米特·罗姆尼斥责奥巴马让美国人丢了工作,没有遏制中国。奥巴马总统则说罗姆尼是个伪君子,因为他是把就业机会拱手让给中国的美国商人之一,他的公司已经把自己生意的供应商和制造商从美国转向了中国。奥巴马取笑罗姆尼声称要遏制中国,但实际上却在挖美国的墙脚,并从中捞取高额利润。

在过去的几个月里,奥巴马利用自己的权力,发表政治观点,以彰显自己的实力。他在公众场合表现出对中国很强硬,并发誓要输送更多的军事武器到亚太地区。这种强硬手段也影响到了其他决策。奥巴马重弹4年前的老调,在世界贸易组织提起新的诉讼,指责中国补贴制造业,让国有企业在与私企的竞争中占有先机。奥巴马抱怨说中国对美国的汽车关税高且不公平,从而为中国制造的汽车创造先机。罗姆尼说他虽然支持奥巴马的举措,但这些举措“微不足道,为时已晚”。他说奥巴马有4年的时间遏制中国,但却未能成功。罗姆尼承诺如果自己当选,他会向中国施加强大的压力。他说中国的举动“威胁国际安全”,警告人们“中国世纪”的到来,并扬言他会让中国“循规蹈矩”。

在上一篇文章里,我谈过两部影片:《死于中国之手》和《2016:奥巴马的美国》。罗姆尼很赏识这两部美国人认为是三流水平的影片。为了继续向奥巴马施压,罗姆尼还增加了电视台的晚间商业广告,把美国的经济问题与奥巴马和中国扯在一起。罗姆尼说奥巴马已经丧失了很多让中国改变其贸易行为的机会,“奥巴马有7次机会可以遏制中国的欺骗,但他拒绝利用这7次机会”。罗姆尼指责奥巴马缺乏爱国心,他说美国人丢掉工作,奥巴马和中国的罪责相当。

这不难理解。罗姆尼及其共和党欲压缩美国政府的规模,加大自由贸易,减少富人的税收。罗姆尼常说他憎恶中国的独生子女政策,坚决反对“人流”,竭力支持宗教导引;奥巴马的民主党则更具“社会主义”特征,笃信政府在经济和社会中的有力作用。在宗教和“人流”问题上,民主党和共和党各持己见。

看到攻击中国有利可图,一些外国商家也开始蠢蠢欲动。这些商家看到美国在对中国发难,德国的光伏公司太阳能世界[①]联合其他厂商诉讼中国的光伏公司尚德太阳能电力有限公司非法竞争。奥巴马将美国进口的大多数中国太阳能产品的关税从24%提高到了36%。总部位于加利福尼亚州的思科系统公司(CISCO Systems Corporation)一马当先诉讼中国的华为和中兴电讯公司利用不合理的劳工制度生产廉价电话,并与军方和情报部门有瓜葛——意思是说他们制造的电话有安全风险。这些诉讼眼下被共和党人把持的众议院大肆宣扬。

显而易见,政治和商业的撞击、美国的民族主义情绪和保护主义会导致中国的反美情绪。绕啊,绕啊,绕圈圈。全球化和与日俱增的经济关系,即“中美国”已经将中国和美国拉得越来越近,然而政治和民族主义情绪似乎会被机会主义者利用,将两国再度分开。

奥巴马已经开始对中国强硬,并从世界贸易组织得到了9项涉及贸

① 太阳能世界是一个高速成长的德国光电产品公司,也是世界上唯一一个专注于光伏产业一体化的公司。其产品遍布光伏能的全部产业链,包括太阳硅材料供应、组件产品、太阳面板贸易和太阳能电站施工。——译者注

易和制造业的优惠决策。但奥巴马政府深知此举风险颇大，也已经开始强调贸易和经济交往中的互惠互利。奥巴马愿意对话，并已和中国领导人建立了友好的工作关系，在货币兑换率和其他主要问题上他已有所举措。2012 年 9 月，美国国务卿希拉里·克林顿说："虽然我们有分歧……我们现在可以开诚布公地谈判，我们可以探讨棘手的问题，但这不损害我们的关系。"奥巴马说美国军方重返亚洲，他在世贸组织的斡旋，和中国领导人的多次会面，以及他和中国的竞争性合作都显示出他一直对中国很强硬。

除此之外，奥巴马斥责罗姆尼一边抨击中国，一边重金投资中国的公司，利用他的公司贝恩资本，关闭美国的工厂，使其重新在中国开张。比如在 2007 年，贝恩关闭了在密歇根州的一家汽车配件公司，投资 220 万美元，将工厂移到了江苏省的亚新科集团。《华盛顿邮报》报道说罗姆尼和他的贝恩资本在 2009 年斥资 2 340 万美元给中国的零售公司国美电器，斥资 390 万美元给江苏飞翔化工集团。罗姆尼还投重金控股森萨塔电子技术有限公司，该公司在中国有 4 000 名员工。据报道，贝恩资本拥有森萨塔电子技术有限公司 26 亿美元的股份，新华社的回应是"具有讽刺意味的是，这位攻击中国的政客的财富，实际上有相当一部分来自于和中国商家的生意"。所以，当罗姆尼在攻击中国贸易不公时，他个人则通过支持和投资中国的公司大赚了一笔（此处要说的是奥巴马没有任何在国外的投资，他的大部分资金投资在美国政府的国债上）。

2012 年 9 月，美国最具竞争力的民意调查组织皮尤民众与媒介研究中心（Pew Center for People and the Press）就美国民众对中国的态度做过一次调查。66% 的美国人认为美国和中国的关系良好，55% 的人觉得最好的方式是美国和中国在"坚刚关系"中共存。报道说虽然有 58% 的美国人想让鹰对龙"强硬"，但他们相信中国对美国的安全没有威胁。从党派上讲，68%的共和党人说美国应当对中国强硬，而民主党有此看法的人只有53%；59%的民主党人把和中国建立"牢固的双边关系"看作当务之急，但持此看法的共和党人只有48%。总体来看，奥巴马领导的民主党（自由派和新自由派）比罗姆尼领导的共和党（保守派与新保守派）更愿意公开地与中国合作。

显然，奥巴马和罗姆尼的言辞与相关政策目的在于在党内赢得支持和选票。在政治上，攻击中国对罗姆尼有好处，对奥巴马好处不大。罗姆尼的支持者期望美国在外交政策上更加黩武，建立一个更强大的单边军事强国，采取更多先发制人的军事打击，如打击叙利亚和伊朗。罗姆尼说对美国国家安全威胁最大的是伊朗，对美国疆域威胁最大的是俄罗斯；奥巴马说最大的威胁是全球的恐怖主义，最大的希望是中国能继往开来，持续改革，成为世界事务中一位有责任的成员。

但奥巴马和罗姆尼对中国崛起的反应大相径庭，在需要强硬的时候，却都在指责对方过于软弱。中国的领导人知道自己听到的大多言辞不过是政治上的策略，是同槽相欺。2012年9月16日，新华社对美国大选的评论是："激烈的总统竞选似乎突然变成了一场竞争，在这场竞争中，似乎谁对中国狠，谁就更有赢的机会。"总的来说，在这场领导人争夺战中，攻击中国罗姆尼得到的好处胜过奥巴马，我的意思是说罗姆尼在国内得到的支持多。

总统大选辩论中，在国际事务上攻击中国没用，还有可能对美国的安全和全球化带来威胁。槽中无食时，经济衰退会加剧变为经济萧条。在中国的南海和东海极易擦枪走火，言辞不慎会使摩擦突然升温，从而导致世界上两个最强大的经济强国之间的贸易对抗和关税报复战。如果此类事件发生，中国和美国的民众会更加敌对，高涨的爱国热情带来的紧张气氛将会导致两个国家的民族主义悲剧。

但我坚信这一切不会发生。今年美国总统大选对中国的关注只能清楚地表明中国的影响在上升。不论美国政治家的口吻是褒是贬，中国已经是美国决策者眼里的翘楚。现在，美国未来 4 年的领导人选已尘埃落定，美国的政治家和商人将会转头与中国的同行合作。槽中岂能无食乎？只有控制民族主义情绪，才能做到同槽不欺。

第三章

中国散居族裔的软实力

7. 跨国探戈：华生美人与美生华人

我游历颇多，近年来我发现的一个真相是：中国人和他们的后代在世界各地开店和创业。如在非洲最穷的国家莱索托，从首都马塞卢向西驱车两小时，在地球最边上的山里，你也会发现一个由 4 个中国光棍开的餐馆，名曰“四喜”。餐馆如乱丛中的一块绿洲，所谓的“川菜”也没有成都的那样好吃，但却富有中国味。开店的人赚不了几个钱，但却向当地人传播着中国文化（这一点很重要）。因此，当许多学者在著书立说评论中国的金融优势、军事竞争和政治策略时，中国崛起的实力也体现在其国民、移民模式以及他们的技术上。在希腊的塞萨洛尼基，中国人依靠布匹、珠宝和饭店的盈利建起了一个自己的社区。这一传统可以回溯到2 000多年前始于西安的“丝绸之路”，它把中国贸易和西方文明的源头希腊文化连接了起来。

从 1979 年开始的改革开放起，30 年来，最能体现龙的力量的是：中国人无处不在。据估算，到 2020 年中国在国外就业的人数将达到 1 000 万人。当然，中国国内眼下近 3 000 万人的自西向东移可以说是人类历史上最大的移民潮。这个话题很有趣，亦很重要，但却非我在本文要谈的主题。

让我们把目光投向更广阔的世界范围吧。有分析家预言，在2012年，中国将会有2 000万人出国旅游。如果世界上的195个国家都可以去，那就意味着每个国家会有102 564个中国人入境；由于去年中国人实际上可以入境的国家只有80个，那么每个国家的入境人数将达到250 000。这个人数还不包括早就遍布全球的大量海外华人、交换留学生、商人和外交人员。这一切都将提升中国的地位和实力。正如中国在更多地了解世界，世界也正在更多地了解中国。

中国人活生生的无处不在，让许多小国家觉得有威胁，因为这些小国家害怕变革，不知道全球化能给他们带来什么。但就美国而言，旅游和学生人数的增加不是威胁，而是件好事。中国移民的增多对美国不仅有益，而且相当的有益。

从历史上讲，自19世纪40年代起，从当时的“中国佬”以准客人的工人身份被美国暂时接受，但却一直被疏远，被当作另类，成为“永远的外国人”起，中国人就在为美国做贡献。他们历经百年的屈辱，不仅成了美国人，而且是美国公认的“模范族裔”。虽然“模范族裔”的称号只是消灭了阶级和种族问题，但却使华裔有了地位，是一种可喜的转变。

在2012年，一个清晰的事实是大多数在美国的华裔都是在国外出生的，所以，人们将这些最新到来的移民准确地命名为新第一代移民。老第一代移民是从1848年至1965年到美国的华裔，他们被认为是最孤立的开拓者，是寄人篱下的一代，或者说是单身代，几乎没有大的家族。这一代人也没有香火兴旺的后代。种族歧视和1882年的《排华法案》，意味着直到1943年该法案被废除前，几乎没有人能进入美国。法律禁止华裔与白人通婚，而被隔离在“唐人街”这一现实，使得这一代移民成为被美国最高法院一位法官所言的“异乡人”。另外，自从1949年中国共产党胜利后关闭对外门户，到1979年的对外开放，老第一代移民的经历与眼下的新第一代有着天壤之别。

在很多方面,中国人移民美国的原因和任何别国的移民一样。经典移民理论曾经提出过著名的“推拉模式”,有人因无可名状的理由被自己的国家“推”出,因受吸引而被“拉”到接受国。移民不管是出于自愿抑或是作为奴隶、学徒、难民、政治避难、寄居或自由经纪人,主要是因为经济条件、安全保障和家庭关系。当然移民要克服诸多困难,不同的年龄、种族、性别、历史事件和政治身份都会影响移民。然而,正规移民的新模式形成是由大批无须他人帮助就在美国立业、并非依靠传统迁移链的人来完成的。老第一代移民和新第一代移民的共识是在美国拥有机会一展身手。在《美籍华人》一书中,历史学家邝治中和杜桑卡·米塞耶维奇写道:对于21世纪的大多数移民来说,融入其中与获得公民身份并非至关重要。无论如何,全球化使移民潮愈演愈烈。在中国,移居国外已成为一种文化时尚,从2010年的人口统计看,中国已位居移民美国的第二大国(参见表1)。

表1　2010年移民美国最多的国家以及人数

序号	国家	人数	序号	国家	人数
1	墨西哥	11 711 103	9	多美尼加	879 187
2	中　国	2 166 526	10	危地马拉	830 824
3	印　度	1 780 322	11	加拿大	798 649
4	菲律宾	1 777 588	12	英　国	669 794
5	越　南	1 240 542	13	牙买加	659 771
6	萨尔瓦多	1 214 049	14	哥伦比亚	636 555
7	古　巴	1 104 679	15	德　国	604 616
8	韩　国	1 100 422	合　计		27 174 627

长期以来,中国移民一直是国际移民的主要来源,其中大部分来自南方沿海的广东、福建和浙江。有学者认为美国的印第安人是在一万年前越过白令海峡的中国人或蒙古人的后裔,还有学者认为美洲是在哥伦布

到达新世界的前几十年被中国人发现的。但大多数研究人员认为中国人移民美国始于1848年在加州发现黄金，当时，中国盛传有关金山和缺人手的故事，成千上万的中国人跨过太平洋来到了美国。从1848年到1882年，大约有37万男人和少部分女人自愿或是被迫从珠江三角洲的广州来到美国，为了荣归故里，他们寄居在加州淘金。

由于广州从7世纪起就是一个国际港口，广州人深知环球贸易的重要。是他们开启了加州的渔业贸易，帮助美国修建了横跨大陆、连接大西洋和太平洋的铁路；是他们在纳帕谷耕作，甚至被南方的种植园主输入到美国南方替代内战结束后被解放了的黑奴。面对种族偏见和歧视，为了赚钱和养家糊口，这些移民在西海岸、纽约、芝加哥和波士顿开洗衣房、餐馆和进出口公司。

从1882年到1943年，《排华法案》扼制住了移民潮，而那些寄居或被困在美国的中国移民则主要集中生活在“唐人街”——一个被学者们认为是削弱隔离或授权居住的少数民族聚集区。历史学家让·普佛泽尔(Jean Pfaelzer)说加州的白人残忍地清剿田野、矿区和渔船上的中国移民，滥用私刑，使得幸存下来的中国移民没有出路，不是逃离加州就是为了寻求保护而聚集在一起。历史学家安德鲁·吉奥瑞(Andrew Gyory)则令人信服地争辩说，《排华法案》与其说是劳工之间的内讧，倒不如说是政府官员为了选票和政治利益而打出的一张玩世不恭的“种族牌”。

到了20世纪初，人们发现了一个法律上的漏洞，即美国公民在国外生的孩子就有美国国籍，任何有正规出生证的人就可以合法进入美国。1906年，旧金山大地震后，政府的大多档案被毁，一下子冒出了好多使用假档案的“纸上儿”。1924年，美国国会的《种族法案》制定了移民配额制度，规定每年进入美国的亚裔移民只能有大约2 000名，其中几乎没有中国人。二次世界大战期间，在美国和中国结盟抗击日本的时候，情形有了很大的改观。在13 000名华裔青年加入美国军队后，大多数美国人才开始认为美籍华人“勤奋、诚实、勇敢、聪明，有信仰，且很务实”。1943年，美国国会通过了《排华法案废除案》①，很多中国人成了自然的美国公民。

两年后，美国国会通过了《战时新娘法案》，华裔将7 449名妇女带到了美国，使华裔社区的光棍圈出现了“婴儿潮”。当毛泽东战胜蒋介石后，这一潮流即被截流和堵塞。大多数能移民到美国的中国人来自台湾、香港、澳门，以及其他国家。朝鲜战争和“冷战”期间，由于中美长期政治局势的紧张，几乎没有中国内地移民。据统计，今天生活在美国的华裔只有十分之一是老第一代移民。

新第一代移民占目前居住在美国华裔的60%，超过只占40%的在美国出生的老一代移民。至少到2020年，华生美人仍将是移民中的大多数，如果目前的移民数目持续下去，时间也许会更长。这些人的孩子（即美生华人）占美国华裔的25%，且大都在18岁以下。新第三代已经在路上了。还有很多未统计的，如果算上被称为非法移民的未登记在案者，新第一代所占的百分比毫无疑问会更大。

新一代移民正在以惊人的速度重建种族区、多元文化生活、融合模式和民族区域政治。女人多过了男人，在所有的移民群体里，有自己房子的人，中国移民最多。这些移民与中国的关系紧密，新的活力以及人们日益对“中国特色”的接受与他们的多国身份感相吻合，超越了对祖国家园的简朴爱国心。

世界秩序理论认为，移民是资本主义、全球化、生产需要以及劳工市

① 《1943年排华法案废除案》：即Chinese Exclusion Repeal Act of 1943，又称《马格努森法案》（The Magnuson Act），代表华盛顿州的美国联邦众议院众议员华仑·格兰特·麦吉·马格努森（Congressman Warren Grant Maggie Magnuson）为在美华人提出了废除积压在他们头上长达61年的一系列《排华法案》，提议恢复在美华人的民权和公民权，此提案得到了美国国会的认可与通过。——译者注

场必不可少的一部分。美国一直在依靠国外无技术的工人，这些工人也心甘情愿为挣微薄的工资牺牲自己，但实际上他们的工资比在自己国家干其他活要多。另外，发达国家的高薪和职位对周边地区有技术的工人也有吸引力。企业家、风险资本家和大公司的老板则在全球经济连接在一起的国家中奔波。

美国在45年前开始放宽政策，不再将"国民出身"当作是否能移民的一项关键指标。1965年《移民与国籍法》提出的配额范围是东半球17万人，对每个国家的配额是每年不超过两万人。美国公民的家庭成员入境不受此配额限制。其后的立法允许台湾的配额可以多两万人，而对香港的配额则在不断变化，1994—1997年配额上升到2.56万人。

对于中国内地来说，1965年的移民法提供的许多机会原本可以使很多人移民，但当时的"文化大革命"(1966—1976年)限制了他们。中美关系正常化后，中国人务实、不懈地利用各种渠道移民，这些人现在是新移民中的领军人物。中国人到美国的入境签证至少是世界上其他国家的2—3倍。在这移民的大军中，还有不受人数限制、持短期签证的学生、外交人员和旅游者。1979—1989年，8万多名学者从中国入境美国，其中很多人把自己的身份从学生和旅游者转为美国永久居民。

1986年的《移民改革和控制法案》和1990年的《移民法修正案》进一步扩大了移民数目，使其增至目前的675 000人。家庭团聚签证不在其列。还有55 000名各种不同的通过抽签决定的入境签证。政治避难者和其他避难者也在增加移民的人数。在美国居住很久的非法移民大赦计划所赦免的人也不在其列。"新投资移民"的永久居住签证(即投资100万美元，至少在美国雇佣10名雇员)为美国带来了有钱人，2000年是195 000人。这些举措使受过高等教育或技术娴熟的工人最多可在美国待6年——6年后便可申请永久居留权(参见表2)。

表2　每10年获得在美国拥有永久居留权的移民人数

时间(年)	中国内地	香港	台湾	合计
1960—1969	14 060	67 047	16 657	97 764
1970—1979	17 627	117 350	83 155	218 132
1980—1989	170 897	112 132	119 051	402 080
1990—1999	342 058	116 894	132 647	591 599
2000—2009	591 711	57 583	92 657	741 951
2010	67 634	3 263	6 785	77 682

媒体援引受教育程度、工资收入以及中产阶级的经济地位等数据，经常将美籍华人描述为美国的模范少数族裔，但这一描述却忽视了其族裔的多样性。模式化将所有的华裔，如CBAs(Chinese Born Americans 华生美人)和ABCs(American Born Chinese 美生华人)都描述为比别的族裔更有才华、更勤奋和成功的人。显然，那些来自广州和福建的目不识丁的移民，其背景与来自大都市商界的台湾人不同，也和来自上海精英家庭的学生不同，故这样描述让人不免尴尬。

在2006年，华裔家庭的年均收入是62 705美元，而美国白人家庭的年均收入为48 451美元。受过大学教育、年龄在25岁以上的白人收入则是62 185美元，但对于与其教育程度相当的华人个体来说，这不过是玻璃天花板①，他们的收入只有55 571美元。

美籍华人是亚裔在美国历史最久、人数最多的人，美国也是除亚洲之外中国人最多的国家。其来源是60%来自中国大陆，16%来自台湾，9%来自香港。在所有的美国亚裔中华人占25%，其中70%为美国公民。美国的人口普查显示，到2010年，在美国至少有400万美籍华人，另有80—100万各种合法短期身份的华人，包括学生和旅游者(参见表3)。

① 玻璃天花板：即glass ceiling，指设想的一个界限，人们可以通过这个玻璃天花板看到自己的目标，但由于种族歧视或性别歧视却无法实现，类似我们所说的“水中月”。——译者注

表 3　1890—2010 年华人移民美国的统计数量

时间(年)	人口	在美国出生的比例(%)	时间(年)	人口	在美国出生的比例(%)
1890	107,475	0.7	1960	237 292	60.5
1900	118 746	9.3	1970	436 062	53.1
1910	94 414	20.7	1980	812 178	36.7
1920	85 202	30.1	1990	1 645 472	30.7
1930	102 159	41.2	2000	2 858 219	31.0
1940	106 334	51.9	2006	3 565 458	32.7
1950	150 005	53.0	2010	4 200 000	33.3

这其中有很多引人注目的悲剧。最悲惨的是 1993 年的"黄金冒险号"事件。在经过从泰国到非洲,再到美国的数月海上旅途后,"黄金冒险号"载着 286 名中国非法移民来到了距自由女神不到数英里的新泽西,有 10 人在游上岸的途中被淹死。因为移民是付过钱的,因此这是走私,不是贩卖人口,虽然有媒体为了煽动,将其与 19 世纪时的"黄祸"恐惧混为一谈。

大多数美籍华人聚居在 4 大都市区:纽约—新泽西—宾夕法尼亚、旧金山—奥克兰、洛杉矶—长岛和波士顿—昆西。眼下的局势是在扩散。从 2000 年起,怀俄明州、田纳西州、南达科他州、爱达荷州、艾奥瓦州、印第安纳州、阿肯色州、缅因州和俄勒冈州的移民上升最快。

在新第一代移民中,其中 4 类在 1989 年以前的移民中数量和质量上都名列前茅,这 4 类是:跨国商界人士、留学精英、福建移民和被收养的儿童。

社会学家艾娃·莫拉瓦斯卡(Ewa Morawska)把跨国商界人士(英文缩写为 TBC,全称为 Transnational Business Class)称为将来移民潮中的前卫分子,这些人是商人和知识分子,不是难民。这类人常常不像以前的中国人那样在美国挣钱支撑在中国的家,而是在中国挣钱养活在美国的家。

这类人肯定不属于华裔中的“疲倦、贫穷和扎堆”者，这类人也不会面对公开的不友好境遇。他们将自己称为“太空人”或“阿尔戈群雄”①，是国际航班乘客的中坚，哪里都可以生活，所以一般都住在机场附近。跨国商界人士和大众移民以及以前概念中的家庭移民不同，不是蜗居在城市里的“唐人街”，走由穷到富的路，而是在其事业的鼎盛期移民，心理素质和职业素质都很好。这类人选择归化，成为有国籍的正规移民而非半移民，选择享有所有的民主权利和自由。这类人大多数与美国的私人关系不多，很多人拥有中美双重国籍。

跨国商界人士不依靠以前的“唐人街”体系，如家庭和商会组织，而是组建自己新的民族、社会、文化和政治团体。其成员在中美已获得相当的认可。这些人在美国的投资大，在中国内地的“外国”投资亦有很高的比例。这些投资提高了中美两国的生活水准，也为底层的工人提供了就业机会。

新第一代移民中的第2类是大量来自中国的留学精英。中国学生有一句口头禅是“镀金”，意思是获得国外著名大学的文凭。2009—2010年，在美国留学的690 923名国际学生中，来自中国大陆和台湾的学生占23.5%。全球市场明显的评估是，受儒家思想深厚的文化价值观对教育、舍得和社会责任的重视以及家庭战略的压力的影响，所有华裔中25岁以上的人一半都受过大学教育。新第二代25—34岁的人中，73%拥有学士学位。很多学者认为这是因为团体力量和家庭荣誉，而非个人目标。全美大学入学注册签证群体中领先的都是有中国血统的学生，这些学生是美国未来公民中的人才，是“模范族裔”中的佼佼者。年轻一代的美籍华裔学生一般都是在自己的社区上公立学校，但学校一放学，成千上万的学

① 阿尔戈群雄：即Argonauts，古希腊传说中，同伊阿宋一起乘“阿尔戈号”去寻找金羊毛的一群强壮、勇敢的年轻人。——译者注

生就会花好几个小时(包括周六和周日)在全美注册的800多所中国语言学校里补习。这些课外项目是民族机构为了孩子们学习汉语、通过参加各种活动加强自己的民族认同感而提供的社会支持。其结果是文化上的再创造和个人的民族身份或多元文化身份的认同,而非传统上的被同化,这也是在增强中国的软实力。

日裔社会学家特里达·丰田发现,几乎所有的中国人都一心认为上大学是其进入本民族外宽广的全球社会系统的路径。社会学家周明说得更直接:“奇哉!中国饭店打工仔和裁缝的孩子比美国中产阶级白人的孩子还出色。”比如在纽约,中国移民父母比当地的白人父母受教育少,但学校里中国孩子的辍学率却是最低的,仅为1.1%,而白人为5.2%,黑人为16.3%,波多黎各人为22.8%。

但个人歧视依然有,从历史上看,当美籍华裔学生的分数高时,大学的门槛也就高了。在20世纪90年代,政府对哈佛大学的调查显示,亚裔学生要比白人学生高出112分才能入学,而伯克利大学接受的白人学生综合申请素质次于亚裔学生。即便如此,胜出的还是美籍华人,与只有30%的美国人受过大学教育相比,多于一半的华裔至少受过4年的大学教育。

还有一个越来越多的现象是所谓的“降落伞儿童”[①],年龄在8—17岁之间,住在美国,父母却不在美国。这些孩子实际上是被不在美国的父母,或是“太空人”父母寄养在美国。父母觉得要是自己的孩子在美国上中学,就会有上美国大学的优势。这些父母也有自己预防不测的“保险政策”,那就是尽量为孩子谋得双重国籍。要是孩子有望,就继续投资。在这群人中,大约有90%接着上大学并获得学位,而相形之下,美国人上

① 降落伞儿童:即parachute kids,指那些从小就到国外接受教育,或被送到国外的小留学生,他们的生活起居一般有人照顾,但是父母仍然留在本国。——译者注

大学的平均比例大约在 50%。

新第一代移民中的第 3 类是来自台湾海峡对面的福建移民。目前,这类人是来自中国的人数最多的打工者。过去 30 年来,福建人花钱偷渡,在 20 世纪 80 年代大约是 1 人 2 万美元,在 21 世纪时是 1 人 8 万美元或更多。对于福建人来说,移民只有偷渡一条路,因为美国法律规定下的 2 万名签证指标都被有官方关系和高学历,或者是二者兼有的人占去了。个人偷渡或有组织地偷渡,如安排交通、提供假证件等,每年偷渡的非法移民有 10 万人。福建人知道要是没有蛇头,就没有机会去美国。

福建移民通过各种关系和移民通道到达纽约,并主要聚居在“唐人街”。一位移民说,在 20 世纪 90 年代,福州人谈论的只有一个话题,那就是美国。“我听说那里的一切……是遍地黄金的天堂。”有人说:“华侨回来(到福州),花钱如流水。”一位记者报道说:“大家都疯了。整个地区都狂热了。农民放下了农具,学生扔下了课本,工人丢下了工作,人人都在谈去美国。”这些人相信只要一到美国,不管有没有合法证件,只要一喊“独生子女”“被迫结扎”“我是基督徒”“民主”,就会被允许避难。布什政府曾颁布过与这些相关的法律条文。总体看来,这样做风险很大,大多数非法移民都把寻求避难当作最后的一步棋——那就是被拘留等待遣返。进入 21 世纪,随着薪水和工作环境的提升与改进,福建移民的人数已开始回落。

另外一个原因是,即便是到了美国,很多人也没有成功。美国移民中的财富和流动并不平等,大多数时候,福建人还是处在最底层,从事各种各样的低收入工作,被迫卖淫,加入黑帮,永远没有出头之日。其中的一个例子是王莲花(音译),1989 年她在福州买通蛇头,伪造证件,绕道去了美国。跟别人一样,她是从香港到泰国,再到玻利维亚,再到墨西哥渡过格兰德河,与人接头,偷渡到纽约。在沦为收入较高的妓女前在一家制衣厂干活,1999 年,她的结论是:“美国不是天堂,是地狱。”

对于那些伪造证件、没有钱、英语差,又没有多少技术的福建移民来说,到达美国后,华人社区可以提供饭馆、制衣厂或家政等工作时间长、工资低的工作。社会学家周明解释说,要是从家庭收入战略来说,不讲究个人平等,这些工作在其同等人中提供的钱足够了,要是严格按美国标准劳动法条例,就不会有其工作的机会,这些工作帮助了那些历经艰难来到纽约的移民家庭渡过了难关。但邝治中和杜桑卡·米塞耶维奇的观点不同,他们认为这些移民是“被囚的打工族”,常常遭受非人的待遇,被要求“每天工作超过 10 小时,每周工作 6 天,没有加班费,没有节假日,也不能有病假”。这些穷人成了永远的弱势群体,没有机会翻身,不可能拥有美国永久居民或国民进入正规工作场所的条件。过去的 30 年来,在华人社区出现了两个阶层:一个是极其显眼的中高阶层,一个是最不起眼的服务阶层。

到 2004 年,成为美国公民的福建人,加上其 ABCs(美生华人)孩子,已经垄断了饭馆的外卖业务。他们开设大型的自助餐厅、制衣厂、家庭汽车旅馆,经营巨大的农贸市场,组建建筑公司,创建长途汽车公司,在华人社区销售中国特产。到 2010 年,仅餐饮业的雇员就达到了 40 万人,同时在剥削和接济自己的非法移民同胞。一位业主实打实地说:“我还没有听说过有福建人在纽约找不到工作。”社会学家赵晓剑(音译)引用福建人心知肚明的三条道理解释他们在美国的生活:祖籍相同抱成团;决心拧成一股绳;勇于冒险,并在千变万化和意想不到的境遇中能屈能伸。

新第一代移民中的第 4 类是那些因为无依无靠、无权无势和年幼反而如愿的孩子。这些人来自中国的孤儿院,大多数来自广州。由于“独生子女”政策和很多地方很穷,中国孩子便被西方一些家庭收养。从 1991 年起,美国人收养了 55 000 名中国孤儿,并将他们带到了美国。仅 2009 年一年,美国公民就收养了 3 256 名中国孤儿,其中女孩2 432名,男孩824名。这些新美国人都生长在年均收入在8万美元的家庭。英语是这些CBAs(华生美人)的第一语言,因此这些人一到美国就享受到的ABCs(美生华人)境遇比其他移民有优势。

当今的美籍华人和中国移民虽然形形色色但却不乱。华人社区是非法和没有技术的移民的后盾。越来越大的华人社区,如加州蒙特利公园的“华人贝弗利山”、纽约的法拉盛华人社区,已使新第一代移民将自己的成员推上了美国社会的最上层。与华裔经济相关的产业包括大量的为ABCs、CBAs和非法移民在全美谋求工作的劳务公司,上百家与中国内地和台湾有联系的房地产商,为新第一代和非法移民排忧解难的法律事务所,上千所教授汉语和中国传统文化、大学入学考试补习和其他各种让人生畏的助人成功的课外学校。

在当下的美国,福建人和其他各地的中国移民依旧在发展自己的体系,有雇主管吃住、工资低、源源不断的稳固打工者。非法移民拥有其他群体无法竞争的经济流动性,故在“不利因素”下,歧视反而造就了流动和同化的途径,使华人社区挤满了小业主。由于不能合法工作,大多数非法移民只能在华人社区打工。

跨国职业阶层也在壮大,吸收学生精英和国内企业家。这些在“金山”实现了自己多年来人生梦想的人有:艾滋病专家何大一,大提琴家马友友,建筑大师贝聿铭和林璎,小说家谭恩美和汤婷婷,电影导演王颖、陈冲、林诣彬和李安,雅虎创始人杨志远,YouTube视频网站创始人陈士骏,剧作家黄哲伦,7位诺贝尔奖得主包括美国能源部长朱·史提芬等,政治家有美国商务部长加里·洛克,美国劳工部长赵小兰,宇航员焦立中、王赣骏和卢杰,时装设计师王薇薇和吴季刚,电影演员刘玉玲、维克托·王和王盛德,以及在各行各业中的许多成功人士。

在我强调新第一代移民的正面时,美籍华裔历史上棘手的种族问题和种族歧视依然存在。民意调查中美国白人大多认为华裔是模范族裔，这一般是华裔问人家对自己的看法的时候。显而易见，新第一代移民从美国人的这一看法中获益颇多。但早期华裔是“永久的外国人”依旧体现在福建人是“被囚的打工族”，这种观点每当中美关系在台湾、汇率、诺贝尔奖和其他问题上出现摩擦时就会被放大。许多批评家会严斥华人聚集地，批评这些人们“粘在一起”的地方非法居民太多，仅够温饱的薪水，堵住了美国社会中其他人在外面工作的门路。

眼下，对于“入侵者”“殖民者”“中国候选人”的抱怨，以及“要英语、要家庭、信上帝、要国家和好邻居”的呼吁相对来说不多。在2009年，80%的美籍华人说在美国“对自己的机会感到乐观”。随着华裔人口的增长，我们值得回想一下华人作家李翊云的故事中的一句话：“人生的意义在于奉献。”2012年的美国总统大选会使人们越来越关注中国，关注“中国牌”，关注我们生活中两个最重要国家之间的博弈。但有一点是毋庸置疑的：即中国人在美国和世界各地无处不在，不论他们在鹰的土地上永久居住或是暂时栖息，都会继续扩大龙的力量。对于未来的世界和平与普世规范来讲，基于人与人之间的互动，超级大国和正在崛起的大国之间的相互支持胜过一切。对于两国人民之间的这场跨国探戈本质，中美政府的领导人看得一清二楚。

8. 艺术软实力：中国主题与美国画

20世纪最有名的艺术家之一曾景文(1911—2000年，英文名为Dong Kingman)是一位在香港和洛杉矶长大的美籍华人，他的作品常常被人们认为是其生活背景和民族的产物。斯坦福大学的艺术史学家张少书教授(Gordon Chang)写道，曾景文是“中国人”，见识过其作品的人都相信他作品中的文化意识是超越历史和永恒的。曾景文承认自己是跨国者，他说：“西方画家称我中国人，中国画家说我西方味很浓，我倒情愿说自己横跨中西。”他的绘画代表的是中西文化的融合。实际上，在曾景文前后的美国艺术作品中，中国影响和跨文化表达就已经存在了。在21世纪，对中国文明和中国身影的描述映入了参观博物馆的人、网上冲浪者和报刊读者的眼帘。人们凝视一幅幅画，沉思这些作品反映出的文化互通。

2007年2月，一场历时百天，最壮观也最全面的美国艺术展首次在中国美术馆、上海博物馆和当代艺术博物馆举行。此次以“美国艺术300年：适应与革新”为题的展览，是为回应1998年在纽约古根海姆博物馆举行的“中国五千年”艺术展而安排的一次交流活动。新旧大国之间上演的“文化探戈”处处开花，2007年这场在北京奥运会之前的活动，为带有中国元素的美国艺术展提供了最佳的背景。通过艺术强调美国的社会历史，使美国与当代中国的关系更加明晰。我亲临了本次展览。作为围绕本次展览的学术活动，我应邀在中国美术馆作了两个小时的学术讲座。4月25日，我为经过挑选的125名博物馆馆员和艺术爱好者，做题为"价值与异议：美国艺术展所显示出的美国文化、宗教和科学"的讲座。当天，我也在北京的中央美术学院做了同题讲座。

1998年，在古根海姆博物馆的中国艺术展上，最古老的一件作品是新石器时代的陶罐。在这次美国艺术展上，最古老的是一幅300多年前的一位佚名艺术家的作品：《伊丽莎白·弗里克太太及其女玛丽》（作于1674年）。画中弗里克太太和女儿不是清教徒式的简朴打扮，而是带有伊丽莎白时代中产富有阶层的光芒，她们穿戴的是在英国殖民地出现的中国珍珠手镯和光鲜的绫罗绸缎。当年以及现在的物质文化和全球贸易对海外市场的转向，使这幅作品成为北京展览的一件珍品。因为欧洲殖民者是在1607年才开始在美洲定居的，几年后这里就出现了中国产品，这就充分揭示了近400年来全球化的历史影响，正如这幅作品显示的那样一目了然。

多年前，为了龙与鹰的关系正常化和科学与文化交流，当时的美国总统和中国的领导人签署了双边协议。这种新的合作精神成全了美国艺术在中国的首次亮相。1981年，中国文化部同意组织一次个人画展，邀请著名的水彩画家美籍华人曾景文来北京举办个人画展，当时观者多达10万人。2000年曾景文去世后，文化部再次举办了题为"水彩大师曾景文"的回顾展，画展于2002年在当时的中国革命历史博物馆开幕[①]。曾景文的事迹得到了重视，正如艺术史学家安东尼·李（Anthony Lee）所言："他（曾景文）的'中国特色'与'美国特色'来回穿梭在太平洋两岸。"

---

① 2003年原中国历史博物馆和中国革命博物馆合并组建成立中国国家博物馆。——译者注

2007 年的画展中，只有一幅曾景文的作品，那就是作于 1944 年的《中国洗衣房》，由于可选择的美籍华裔画家人数有限，画展的组织者完全可以选他作于 1958 年的《布鲁克林大桥》，或者是他在关南施主演的电影《花鼓戏》中的早期水彩画。实际上，博物馆董事会很抠门，在这次画展上只选了另外两位美籍华裔画家的作品，他们是赖勇（Lai Yong）和朱沅芷（Yun Gee）。朱沅芷的《旋转，工业化的纽约》（作于 1932 年）画幅长两米，是一幅精致的城市现代化抽象图，突出的是布鲁克林大桥，垂直的摩天大厦旁边是一圈也许是蒙古人的骑手。这幅画与他具有美感的自画像《吹笛人》（作于 1928 年）是一个互补，《吹笛人》里有用立体派手法表达的茶壶、折扇和毛笔。

博物馆也许也可以选刘虹的《纪念品》（作于 1990 年）或《摩登时代》（作于 2005 年），刁德谦的《断路器》（作于 1972 年），张书旂（Zhang Shuchi）的《鹰》（作于 1956 年），或者是贝聿铭（I. M. Pei）或林璎（Maya Lin）的建筑画。但这些作品都没有在展览中出现，许多作品没有被选上或错过了，或者是因为中美两国的政治审查，或者是因为没有找到。从宣传、外交、艺术史、社会历史以及美学的角度来看，美国艺术展作品的质量和题材的确是上乘的。

在展览的入口，中国国家博物馆的正门里面，美国最有名的油画之一——杰明·韦斯特的《威廉·佩恩与印第安人的条约》（作于 1771—1772 年）被悬挂在首要位置，其他同负盛名的杰作紧随其后出现在巨大的画廊里。大多数参观者在匆匆走过时，会注目这幅作品，或稍微驻足，或品评一番，但不会逗留。作为重磅展品，一幅有动感、色彩鲜亮、有冲击力的现代作品在此位置展出会更好一些。

《威廉·佩恩与印第安人的条约》是一幅历史画，描述的是白人殖民者和美洲土著人 1682 年最友好的场面，双方以和平与令人尊敬的姿态交往、展开贸易并相互欣赏。画中一位捆扎在背板上的印第安婴儿在吃母亲的奶。夏日即逝，秋日将至，印第安人的神态酷似希腊诸神和高尚的野蛮人①，犹如雕塑，强悍、赤脚，身上有些地方涂着鲜艳的色彩。画中的欧洲人被表现为受过启蒙的新邻居，穿着毛呢大衣，戴着毡帽，手拿拐杖，打着裹腿，表情呆滞，没有女人在他们身边。在这幅彰显平等的画框里，眼神的交流、友好的伸手相互映衬。这个港口堆满了从船上卸下的货物，没有破坏宁静的火枪，无用的弓箭被扔在地上，没有什么威胁，林边竖立的许多两三层高的砖砌独栋别墅无疑显示着宾夕法尼亚在发生变化。

这是一幅让人感觉颇好，从美学意义上来说很优美的作品。但其中的历史是杜撰的，掩盖了当时的边界之争、白与红之间的矛盾、不平等的条约、种族之间的杀戮以及殖民。没有物质利诱下的危险情绪，一个文明在和另一个文明对接，虽然经济上的讨价还价——几匹布就可以换几英亩地——有利于欧洲人，但对印第安人不久就会被同化、消灭或是被强行赶走这一事实没有任何暗示。贸易既可以联结人，也可以因资源和土地的竞争分裂人，这一实质在这幅画中不存在。

故此画在这场展览的位置就大有文章了。《威廉·佩恩与印第安人的条约》这幅画是在“他者”的基础上突出贸易，抑或是在显示人类的进步与统一？该作品被放在首位是否意味着这次画展是以宣传为目的？就目的刨根问底，我们知道任何解读和故事都会受章节安排的影响。在博物馆外的正面，俯视大街、垂直悬挂的三面巨大的条幅从屋顶垂到了地面，用中英文在宣传这次画展。还有一幅参观者在馆内可以看到的爱德

① 高尚的野蛮人：即 Noble savages，指未开化原始人的善良天真不受文明罪恶的玷污，另外，法国哲学家卢梭在他的著作《爱弥儿》(Emile)中，认为孩子是高尚的野蛮人，会依照自己的方式成长，得天独厚，会尽情释放犹如小大人般自我肯定的使命，如花草树木纯美自然本性的初绽。——译者注

华·莫然《自由女神的揭幕启迪世界》(作于1886年)真迹的复制品,画中的纽约港船只涌动,船上飘扬着美国和法国既激励自由又倾向帝国主义的两面派旗帜,庆祝礼炮发出的硝烟和天空翻滚的风暴、云彩恰似不祥之兆,一位坚定不移、革命性的自由女神手举火炬,像是在欢迎和召唤追求美国生活的移民。

《威廉·佩恩与印第安人的条约》中两个世界的相遇,《自由女神的揭幕启迪世界》中的庆祝船队,可否被阐释为欢迎贸易和思想观念全球化呢?人们是否会觉得展览中这些打头的形象是骄傲自大、一意孤行的美国,以一种介乎经济黏实力和文化软实力的方法,意欲向中国推行其有黏实力的资本主义思想和自由观念呢?或者说这些画只是好看而无任何政治含义呢?

围绕这次展览的官方言论是以两个文明的合作与互相尊重为基点。上海当代艺术馆的馆长龚明光(Samuel Kung)说,"认可美国文化被认为是赶潮流,人们认为只有这样亚洲才能拥有前卫艺术"。中国国家博物馆馆长范迪安称赞这场展览是"提高相互理解和欣赏意识的一种方式",他说:"艺术一直是见证社会变化和历史发展的最可靠的视觉。"古根海姆基金会的会长托马斯·库瑞恩斯(Thomas Krens)更加大胆地写道,这次展览将会"通过艺术讲述我们国家的历史"。对于学术界来讲,上面的最后两句话,在阐述艺术时,"历史"和"最可靠"之言有些离谱,正如《威廉·佩恩与印第安人的条约》提醒我们的那样。艺术有争议和可阐述的软实力,来自于理解其内涵的他人之眼光和思想。

本次展览可以说是架起一座相互理解和交流审美意识的桥梁,也可以说是一次别有意味的宣传攻势,或者说是二者兼而有之。美国官方资助的巡回展其政治性是不容置疑的。"中国五千年"展览的名誉主席是美国前国务卿亨利·基辛格,而"美国艺术300年"的名誉主席是美国前总统布什。这就让艺术的政治性一目了然。美国驻中国大使克拉克·兰特(Clark T. Randt Jr.)自豪地为本次展览剪彩,托马斯·库瑞恩斯表示"得到布什总统的支持"让人倍感荣幸。然而即便是有这样的支持,艺术却是高于政治的。平面设计师密尔顿·格拉泽(Milton Glaser)认为艺术的文化心理是"人类的一种生存机制"——这就为我们解读了为什么人们将艺术的价值列在首位。

我去北京参观展览的那天,几百名孩子,有的坐在地上,有的趴在地上,在临摹这些美国杰作。孩子们说话的声音很大,他们在白纸上画画,有的在很细心地涂博物馆发的模板。老师们在一旁监督。参观博物馆的人一边在拥挤的画廊里走,一边探头或是围着孩子们看。手机响,相机闪,为了纪念、为了保存的行为艺术也让人烦。通常,在爱德华·希克斯(Edward Hicks)极具嘲讽意义的世俗"伊甸园"——《有轻骑兵举着旗帜的平静王国》(作于1829—1830年)——这幅画下面或旁边,具有社区气氛地围绕着一群青年学生,这些青少年不理会板着脸的宾夕法尼亚"贵格教徒"①,而是把注意力放在了画面中那头狮子和豹子的面部表情,以及搂着狮子鬣毛的侏儒神色的"啊,不! 发生了什么?"孩子们模仿画中动物的表情,让旁边的人感到开心,也引来了同伴们的笑声和瞪眼。在其他展厅里,稍微年纪大一些的学生正在临摹乔治·卡特林(George Catlin)《白云:艾奥瓦州首领》(作于1844—1845年)和安格尔·欧文·库斯(Eanger Irving Couse)《制陶》(作于1912年)中印第安人的身体和服饰。很明显,美国印第安人的黑头发、黑眼睛、黄(红)皮肤和陶器,使很多人

---

① 贵格教:即Quakers,又称公谊会或者教友派(Religious Society of Friends),是基督教新教的一个派别。该派成立于17世纪的英国,贵格会信徒曾受到英国政府迫害,与清教徒一起移民到美洲,但又受到清教徒的迫害,大批贵格会教徒逃离马萨诸塞州而定居在罗得岛州和宾夕法尼亚州等地。该派反对任何形式的战争和暴力,不尊敬任何人也不要求别人尊敬自己,不起誓,反对洗礼和圣餐。主张人人生而平等、应当被平等对待,主张任何人之间要像兄弟一样,主张和平主义和宗教自由。——译者注

觉得印第安人的祖先是中国人，身上带有把中国人和美国人连在一起的基因。

几位年轻人在研究和临摹托马斯·科尔(Thomas Cole)的《有人物的风景：最后一个莫希干人》。我问其中一位这幅画的标题，他说所有的中国年轻人都看过《最后一个莫希干人》这部电影。我又问他们以前是否见过这次画展中的其他作品，回答当然是肯定的。很多作品都在T恤衫、购物袋、互联网、电视和电影中看到过。在这个全球化的时代，易得手的光盘和互联网上的艺术杰作通过世界文化把大家连在了一起。诚然，通信革命和这些中国学生为我们展示了区别前卫艺术、高尚文化和美术与低级文化、大众文化和庸俗文化的艰难内质。艺术哲学家苏珊·桑塔格(Susan Sontag)坚持认为对艺术的阐述应当超越形式和内容，从远处去欣赏“艺术美的外在”，桑塔格要人们多欣赏，少分析。但我观察参观中国国家美术馆的人的神情，大多数人的表情刚好与桑塔格所言相反。人们想知道这些画意味着什么。在联想和思索中，人们走向了艺术的终极目标：使人类的生存有价值。

本次画展的组织者把120幅画分为6个历史时期，有争议、有竞争但也一清二楚：殖民与抗争(1700—1830年)、扩张与分裂(1830—1880年)、世界主义与国家主义(1880—1915年)、现代主义与地域主义(1915—1945年)、繁荣与幻灭(1945—1980年)、多元文化与全球化(1980—2007年)。这6个时期的题目都带有反映意识形态、巨变和持续、带有革新的运动、多元和新领域的各种“主义”和各种“化”的字眼。

《威廉·佩恩与印第安人的条约》是一幅告示牌，告诉人们艺术的“外交使命”在推动两种文化之间的理解。这种告示就像一个早期的警钟信号预示着宣传攻势开始了。然而，正如历史学家道格拉斯·塔莱克(Douglas Tallack)指出的那样，这次展出(他是在上海参观的)特别是和美国以前的努力相比，是一次“国家自我批评”的绝妙表演。第二次世界大战以后直到越南战争，美国政府一直通过有意使用艺术在意识形态的斗争中赢取人心。美国在外国的首都举办了几百场展览，以此为文化武器宣扬多元文化、承诺和美国梦的自由。在 1962 年，美国国家艺术委员会主席说，艺术要让外国人改信美国的宗旨，好莱坞负责对大众的启迪，博物馆的高尚文化软实力则是面向受过良好教育的阶层。

本次服务于外交政策的艺术宣传取得了多方面的成功，但具有讽刺意味的是，现代艺术对于国内外的批评家来说似乎有些过分的颓废。抽象艺术常被人认为是低级和具有颠覆性的。共和党保守派指责杰克逊·波洛克（Jackson Pollock）、马克·罗斯科（Mark Rothko）、威廉·德·库宁（Willem de Kooning）和罗伯特·马塞维尔（Robert Motherwell）等艺术家有共产主义思想，是知识分子，不代表美国。但国外领导人和民众的看法却刚好相反，他们认为这些人是资产阶级、军国主义者和变态分子，这些人的作品中缺乏歌颂工人、农民和阶级斗争的成分——这些成分就是斯大林所谓的“社会现实主义”，在 1949 年以后的中国艺术作品中很常见。如果说外交政策遵循的是国际关系理论中国家与国家处处作对的现实主义原则，那么作为软实力宣传精心挑选的艺术品，则可能为了一国的利益而使另一国受损。

反之，艺术外交也适用于理想或自由的外交政策。如果人类有普世价值观，那全世界各族人民就都可以欣赏或是理解结构主义、女权思想和绿色理论的艺术作品。历史学家迈克尔·克瑞恩（Michael L. Krenn）认为艺术是“和平、理解与心灵的国际语言……艺术作品超越疆域、政治意识形态、民族、种族和国度”。“冷战”结束后，美国在国外的展览期望将跨文化理解与华盛顿的自由市场资本主义和普世理念相融合。“美国艺术 300 年”展览吻合这种新自由分子的幻想。

问题是政府的官员可以选择作品和文本,但作为期待观赏者所反映的艺术却是无法控制的。美国在国外的展览通常都是由国务院的官员审查,排除可能会引起民族冲突、经济竞争、裸体风波、宗教问题和政治纠纷的作品。但这种做法险象环生。迈克尔·克瑞恩指出艺术品不是“地对空导弹”或步枪,无法瞄准和打击自己意欲控制的心灵。人们对艺术作品的反应截然不同,对一幅作品的解读千差万别,难以想象。

让人惊讶的是,“美国艺术 300 年”展览倒是很开明,展现了美国社会的多个方面。但该展览的首要宣传攻势依旧明显,如刻意挑选的与中国有关的主题、符号、物质文化、商品和人体,甚至包括色彩。宣传者期望与中国有关的熟悉意象会促进理解和普世价值观。本次展品的选择并无任何恶意,给人总体的印象是收集到的展品具有浓郁的中国味。如陶瓷花瓶、陶器、丝绸、画中人的面孔和物件等都显示出从 17 世纪起,中国产品和移民就在影响着美国人的日常生活。直到 20 世纪末的 20 多年里,中国产品如潮水般涌来,确实极大地改变了美国人的日常生活与规划。

历史学家深知囊括全体的重要性,但过度也可能适得其反。博物馆在决定要以中国印象为焦点时,完全可以选择一些艺术家的大作,从而更加充分和全面地反映美国的历史。我们应当承认,通过一次巡回展来从头到脚地揭示一个国家的历史,而且要全面和令人信服,很明显是有难度的。虽然有这样或那样的失望,但“美国艺术 300 年”还是给人们展示出了一个民族的社会历史、发展历程和艺术史的轮廓。

美洲大陆壮美而独特的自然风景,正如作品的标题和文字一样显而易见,风景的极致体现在弗雷德里克·丘奇的《尼亚加拉瀑布》(作于 1857 年)和阿尔伯特·比尔斯塔特的《萨拉内华达》(作于 1871 年)等作品中。诸如西部开发、昭昭天命和疆域开拓等宏大主题都包括在乔治·

宾厄姆的《丹尼尔·布恩护送移民者通过坎布兰都峡谷》(作于1851年)、威廉·朱艾特的《承诺之地——格雷森一家》(作于1850年)和伊曼纽尔·哥特列布·鲁茨的《帝国大业踏上西进征途》(作于1861年)这些作品中。而牛仔和印第安人的形象则体现在阿尔弗雷德·雅各布的《猎人的新娘》(作于1845年)、阿尔伯特·比尔斯塔特的《最后一头野牛》(作于1888年)、查尔斯·拉塞尔的《追逐野马者》(作于1913年)和理查德·普林斯的《无题(牛仔)》(作于1999年)这些作品中。

美国的移民主题、拥挤的城市生活、工业化和普通工人的生活则都显著地体现在约翰·威尔的《枪械铸造厂》(作于1866年)、威廉·沙恩的《旧金山山森街市场景色》(作于1872年)、托马斯·波罗克的《中午时分的铁厂工人》(作于1880年)、乔治·贝尔罗斯的《码头工人》(作于1912年)、马克斯·韦伯的《匆忙时刻,纽约》(作于1915年)、爱德华·霍普的《什锦》(作于1929年)和查尔斯·亨利的《金色数字5》(作于1928年)等作品中。

美国因无法保障机会均等、待遇相同和在任何时代保证让所有的人实现自己由贫变富的"美国梦"而臭名昭著。在"美国艺术300年"画展中,没有几幅作品聚焦于这样的不光彩,在后面我会探讨。除了在托马斯·哈特的《美国史诗,第二部》(作于1924—1927年)4幅巨作以大事年表的形式展现了奴隶被鞭打、印第安人喝醉和激情的清教徒准备绞死巫师的场面。乔·琼斯《白人的公正(美国公正)》(作于1933年)描述的是种族分子三K党强奸一位中产黑人妇女、对其用私刑并烧毁了她家的房子。安迪·沃尔豪的《种族暴动》(作于1963年)运用多意象展现的是伯明翰的警犬在袭击示威者。巴巴拉·克鲁格的《无题(问题)》(作于1991年)是对自由、特权、健康、权威、沉默、爱国、宗教、贫穷和无家可归发出的诘问。美国的军国主义和发生的战争没有直接被呈现,但暴力问题应当在展览中有体现。

展览中有很多前卫作品和近期的前卫艺术作品，或者说至少在北京和上海的很多参观者眼中是前卫艺术。对于第二次世界大战以来的抽象艺术作品，许多人感到迷惑不解或恐惧，既欣赏不了作品的美，也看不出所选作品中的政治含义。而从“冷战”到当代文化认同的抽象表现主义作品对大多数参观者来说是一个谜。这些作品放射出的是前卫艺术的光芒，是一个新领域。有的参观者在神经兮兮地笑。画廊里展示最现代作品的地方光临的人最少，而那些来到此处的参观者也会得到奖赏。这里的作品有丹·弗莱文的《绿色穿过绿色：致缺少绿色的彼特·蒙德里安》（作于1966年）、詹姆斯·罗森奎斯特的《烟雨中的游泳者》（作于1997—1998年）、卡尔·安德的《10×10旧城区铜方块》（作于1967年）、理查德·塞拉的《右角支柱》（作于1969年）和唐纳·贾德的《无题》（作于1969年）。在上海，当时我在华东师大授课，带了30名学生去参观，学生们对我说，这些深奥莫测的作品的确让他们激动，因为这些作品代表着未来，似乎在显示一个人们无法理解和预测的更宏大的世界理念。有的学生说他们在网上见过相似的作品，并感到很好奇。

在北京，而不是在上海，“美国艺术300年”用45米长的一面巨墙，依照时间顺序展现美国历史中的大事件。为了吸取历史教训和平衡这次展出，此次展览中也包括坦率反映这个国家发展历程中一些不光彩和不幸事件的作品，这些作品中透漏的信息大多在国内的大胆画展中才能看到。

本次展览中有大量国宝级的精品，也因为展览关注了科学家的发明创造和实业人士的贡献，包括亨利·福特、好莱坞的电影、巴拿马运河、托马斯·爱迪生、核电站、彩色电视、登月、比尔·盖茨、航天飞机等，还有最新领域的开拓、美国革命以及美国人的普遍情绪都有体现。本次展览中有关奴隶问题、与印第安人的战争、迁徙、内战、劳工纠纷、民权运动和妇女解放运动的作品都是为了呈现一个多元文化的国家。

本次展览的年份顺序安排寓意更大，有批评家说本次展览所选的作品，呈现的是一个长久以来的负面形象：野蛮、暴力、不公正、种族歧视、性别歧视、没完没了的战争和美国政府的不端行为。但这一切在美国崛起为超级大国时的确发生过，故承认历史会加强自己的软实力。要是回避这一切，就会让知道实情的人笑话。

本次展览在一些细节和画面上没有回避问题，如萨勒姆女巫案①、残忍的奴隶制度、对印第安人的大屠杀、带有种族歧视的《排华法案》(1882年)、原子弹、米莱大屠杀②、阿布格莱布虐囚丑闻③，等等。展览解释词包括如下词句："美国历史上最血腥的一次冲突""歇斯底里的迫害潮……被绞死""抓捕逃奴，残酷惩罚""孤立分子的美国外交政策""4 000 彻罗基印第安人在西迁途中死亡""146 名工人死亡，大多为妇女，造成了有史以来最严重的工业事件""感冒大流行""电椅死刑""埃德加·胡佛……扩大影响，重拳领导人，实施模棱两可的政策，包括敲诈""反战示威者被捕""安置 11 万日裔美国人""投原子弹""核战的威胁""肯尼迪被刺""美国士兵杀害手无寸铁的越南平民，大多为妇女和儿童""马丁·路德·金被暗杀""国民自卫队杀害 4 名反战游行的学生""阿提卡监狱暴动""为了不被弹劾，尼克松辞职""伊朗门事件"④"航天飞机'挑战者号'

---

① 萨勒姆(Salem)，是波士顿附近的一个小镇，17 世纪时传说当地有大批女巫，因为很多当地人得了奇怪的疾病莫名死去，大家将其归咎于女巫，当时烧死了很多被称为女巫的妇女，半年间超过 150 人被认定为女巫，19 人被绞死。——译者注

② 米莱(My Lai)，越南的一个小村庄。1968 年越战期间，一群美军残暴地杀害了这个村庄的几百名村民，其中大多数为老人、父女和儿童。——译者注

③ 阿布格莱布监狱(Abu Ghraib)，即巴格达中央监狱。2004 年美军占领伊拉克后这里爆发了美军虐囚丑闻。——译者注

④ 伊朗门事件：即 Iran-Contra Affair 或 Irangate，是发生在美国 20 世纪 80 年代中期的政治丑闻，指美国里根政府向伊朗秘密出售武器一事被揭露后而造成严重政治危机的事件。因国际新闻界普遍将其与尼克松水门事件相比，故因此得名。——译者注

爆炸”“罗德尼·金遭洛杉矶警察殴打”“俄克拉荷马城市大爆炸”“少年射杀12名同学……哥伦比亚中学”“里根与布什政府的衔接,打击毒贩”“戈尔虽败犹荣”“美国入侵伊拉克借口其拥有大规模杀伤性武器”“阿布格莱布虐囚丑闻被曝光……让美国在伊拉克的所谓民主使命蒙羞”“飓风卡琳娜……灾后指责直指政府”“民众对伊拉克战争的支持骤减,参谋长拉姆斯菲尔德辞职”。展出的作品中,暴露美国负面形象的作品远远大于标榜进步、平等、自由和美国是领导者的作品。我觉得这让人耳目一新,是一种成熟的举动。

“美国艺术300年”展览的表率在于,面对多样、恐惧和变化,一个地大物博、人口众多、军事开支庞大的国家不但幸存了下来,而且战胜了一切。本次展览涉及的范围特别广,因为它用一幅幅杰作把美国艺术和社会连接在了一起。有些作品摆放的距离特别近,让人感到不适,如不同的时间、事件、阶级、民族、性别、族裔以及警察和民众在互相面对的同时也在面对参观者。法裔美国艺术家路易斯·布尔乔亚不同意艺术是美学还是宣传的争论,对她来说,“艺术是精神健全的保证”,毁坏艺术就是一种精神不健康的行为。布尔乔亚还说:“艺术非仅艺术也,艺术乃生命也,此乃艺术之真谛。”

毫无疑问,全球化和互联网正在扩大世人看待艺术和生命的模式,龙与鹰理解这一切,故已经开始增加基金来支持政府和民间的艺术文化交流。对中国而言,世界地位的跃升不仅仅是靠经济和军事力量,艺术和艺术博物馆的作用是巨大的。2010年世博会的“中国馆”正在被改造为一座新的“艺术馆”,它将成为中国最大的艺术博物馆。北京也计划在国家奥林匹克馆旁建一座新艺术博物馆,几百座展示文化的历史与艺术博物馆正在建设之中——据湖南省博物馆馆长陈建民先生说,2011年,中国已建了395所新博物馆。

这就明显地表示出，民族自豪感在于知道世界地位依靠对艺术和艺术家的支持。中国文化部宣布中国的文化革新战略与中国的经济战略是相辅的，“走出去，请进来”，就是要举办更多的中国艺术和外国艺术展览，从而加强合作并壮大自己的实力。在互联网和挑剔的“博客”时代，“冷战”时期将艺术作为宣传战略的目的没有任何用处，但更加公开的艺术和艺术家之间的交流，不失为大国政治的上策。

9. 答“问”与问“答”：学生至上

谁不期望自己的孩子超越自己呢？比如说，家长都会想象如果自己的孩子本科毕业于清华大学，硕士毕业于南加州大学，博士毕业于哈佛大学，那将是金上镀金，让人自豪。家长会向周围的人大肆吹嘘，而孩子也会有机会谋到好工作，从而出人头地。

在中国，高等教育在急剧膨胀，近几年来新建的大学有900多所。在21世纪，中国拥有大学文凭的人将会比以前任何时候都多，随着中国大学在世界大学排名中的攀升，这些文凭亦会越来越有价值。

美国在全球高等教育的地位现在依旧领先，全球排名前10的大学美国有7所，全球排名前100的大学美国有52所。世人皆知并非每个学生都能进入最好的大学。美国有5 000多所大专院校，全世界有17 000多所大学，入学要求和学习计划各不相同，学生可以根据自己的财力和能力去选择。学生和家长都应为能接受高等教育而自豪，因为教育是人生成功的最佳途径。

中国对外国留学生的吸引力也越来越大，2011—2012年，中国大陆的32 000名留学生中，美国学生有3 500人。在未来的一二十年里，来中国的留学生会更多。到21世纪末，中国的留学生人数会超过美国。在2013年，美国依旧会是外国留学生首选深造的地方，美国所有的大学里有4%的学生是外国学生，校园宽松环境里的各式思维有利于美国大学的发展。

在过去的20年里，特别是中国的学生和家长越来越看重美国的大学文凭，因为他们知道美国课堂的公开讨论和开放存取①能提升学生在国际上的竞争能力。世人认可这些进步的关键因素和社会软实力的影响。根据2011—2012年的《高等教育年鉴》报道，中国在美国的学生有225 816人（其中中国大陆194 029人，中国香港8 032人，中国台湾23 250人，中国澳门505人），这使中国成为在美国学生人数最多的国家；其次是印度，为100 270人；位居第三的是韩国，为73 000人。十几年来，中国在美国学习的本科生人数第一次超过了研究生人数。

在本文中，我希望读者体谅我举几个我在中国的亲身体会。我早就知道要平衡教学和科研，在学术生涯中这两项是基础。发表论文和出版著作让人愉悦，但学生带给我的更多。荣幸的是多年来，我一直在世界各地的教室为学生授课，与他们辩论，从他们那里获益颇多。在我30年的大学学术生涯中，我曾经在不同的国家给选修我课程的上万名学生授课和打分。我眼下主要在丹麦用英文授课，这里的体制和我从教14年的美国体制完全一样。

像我这样的外国人在中国教授美国历史和政治既艰难又快活。艰难源于虽然学生对流行的国际青年文化了解甚多，但对美国历史知识的了解却有限。对于大多数老师来说，更具挑战力的是怎样才能使这些通过死记硬背、英语技能很好的学生面对巨大的压力而不失“面子”，因为这些学生很少或者从来也没有人问他们诸如“但这是什么意思”和“你怎么

---

① 开放存取：即Open Access，简称OA，是不同于传统学术传播的一种全新机制，其核心特征是在尊重作者权益的前提下，利用互联网为用户免费提供学术信息和研究成果的全文服务。通过新的数字技术和网络化通信，任何人都可以及时、免费、不受任何限制地通过网络获取各类文献，包括经过同行评议过的期刊文章、参考文献、技术报告、学位论文等全文信息，用于科研教育及其他活动。——译者注

知道这是真的"之类的问题。

在2009年的《美国历史》杂志的"教学与教材"专栏中，约翰·索菲基昂（John Sauvigian）教授说，高等教育的目的要求"历史学家在教授历史时要从说教转向育人"。对于全球的人文学科来讲此言既是示范，也是挑战。在中国，历史系、文学系和语言系聚焦于培养学生的批判思维，但是还有待发展。中外教授都在鼓励学生要从背景和内容着手，然后再积极地回答问题，或更具体地说要积极地质疑问题的答案。

在上大学前，大多数中国学生接受的训练是简单而直接地寻求事实，学生不学苏格拉底的问答法，根本不知道或反对黑格尔式的顿悟，即质疑胜于肯定。大学之目的在于支持学生运用不同的方法解决问题，帮助学生质疑并寻找更好的理解问题和解决问题的方法，至少在美国和欧洲大学的教授中此乃共识。工薪阶层中未上大学的人相信有一个最好的或正确的答案，但这种思维实质上是"反智力"的。也许在小学和中学的初级阶段，机械的学习有作用，但死记硬背无法帮学生在世界舞台上走得更远。

大学里的人文教授相信设问与答问同样重要，历史就是创造一个知识层面，而同时也寻求理解。对答问的质疑如设问一样重要。虽然让学生明白这个基本的道理很重要，但学生有时还是会被要求去死记硬背人名、时间和文本，而不是去叩问这些信息意味着什么。世界上最佳学校里的学生埋头于后现代理念，次一些的学校里，学生被要求学习和重复那些被认为是对的确定答案，而不是强调阐述和弘扬真理的重要性。2012年6月13日，北京大学的法学教授贺卫方对《经济学家》的记者说，高考产生的学生"只知道学习和做题，思想独立屈从于机械的学习"。学生学习只是为了提高成绩和考上大学，而一旦进入大学，就不得不重新学习，拓展新思维从而多方面看问题和解决开放式的问题。答"问"易也，问"答"虽难但有回馈。

大家都知道只有2%的学生可以上诸如北京大学、清华大学、复旦大学和浙江大学这样的顶尖大学。2012年,中国有900多万考生参加高考,入学率是75%,剩下25%的考生上不了大学。高考以机械的死记硬背和照本宣科为基础。大多数学生背诵"好文章",以便能在考试中有用武之地。学生能给出正确答案,但却不会解释为何正确或是从细节上去讨论问题。学生有能力引用课本上的段落和句子,但却不会拓展自己的创造和分析技巧。我在给学生上历史课时,我会首先告诉他们历史是对事实的辩论、建构、阐述和理解。正如北京大学的贺卫方教授说的那样,光秃秃的事实价值不大。

从2006年到2011年,有5个学期,我曾在中国不同地方的4所大学教过美国思想史、美国艺术社会史、当代美国、美国文化、美国政治、国际关系理论、政治哲学比较等课程。这4所大学是西安的西北大学、上海的华东师范大学、实业巨子李嘉诚创办的广东汕头大学和珠海的联合国际学院①。联合国际学院的老师大部分是外国人,授课和考试都是用英文。在西安和上海,我的身份是富布莱特杰出教授,在汕头和珠海我则是合作研究和教学。

我的课有15—25人的小班,也有70多人的讲座。我也曾在中国大陆、香港和澳门的其他17所大学作过有上千学生参加的大型学术讲座。2011年,我与香港中文大学合作,带20名学生到丹麦和瑞典考察社会福利。我们参观了医院、养老院、精神病院、监狱、中学、市长办公室和几所大学,与政府官员,包括现任丹麦议会主席莫恩斯·吕克托夫特(Mogens Lykketoft),和普通百姓多次接触。在我任教的哥本哈根大学,很多学生

① 北京师范大学－香港浸会大学联合国际学院(United International College,简称UIC)由北京师范大学和香港浸会大学与广东省珠海市携手创立,是首家中国内地与香港高等教育界合作创办的大学,获得国家教育部特批。自2005年11月举行成立暨奠基典礼至今,UIC已迅速发展成为一所拥有独特教育理念的国际化大学。学院设有工商管理学部、人文与社会科学学部、理工科技学部3个学部,下设15个专业。学院实施四年全英文教学。——译者注

都享受的是全额奖学金,也有来自中国的交换留学生,大都来自浙江大学和复旦大学,但来自其他中国大学的留学生人数也在逐年上升。我盼望着有一天,在欧洲的课堂里有来自中国各地的学生。

在中国大陆,学生的学习和研究差异很大,但有三点颇为明显。一是图书馆,多数校园里的图书馆建筑宏伟,但书架空空。各院系有自己的小图书馆或资料室,但开放的时间有限,且资料不外借。在我曾经执教过的4所大学里,其中3所有老师个人的资料室。在西北大学,从事翻译和英美文学研究的专家胡宗锋教授主持一个西方文化与翻译研究所,他的资料室有上千本自己和他人捐赠的图书资料。在广州的汕头大学,有两个美国研究资料室,是富布莱特学者、前汕头大学国际研究中心主任保罗·莱文教授(Paul Levine)建的。莱文教授的资料室是中国从事美国研究资料最全的地方之一,但两个资料室建起来都不到7年。珠海联合国际学院有一个虽小但却很有高新科技含量的图书馆。由于该校是由北京师范大学和香港浸会大学携手创立,故该校的学生可以到附近学校更大的图书馆借书。然而相形之下,哈佛大学有1 500万册藏书,耶鲁大学有1 100万册藏书,稍次一些的州立大学,如佐治亚大学和佛罗里达大学各拥有400万册藏书,每天开放的借阅时间长达16—20小时。

在中国,第二个颇为明显的是大家都注意到几乎所有的教室都很现代化。中国大学的现代化设备领先于西方,全国各地大学的大楼都很现代化。大多数学校的设施都有或者是正在更新设施,包括供教师使用的最新视听设施,如计算机、投影仪、影碟机、音响光控系统和高速互联网。由于上网的条件有限,很多设施都未能充分利用。但这些科技设施预示着向创造性教学的转变,而全球范围的电子数据资源会提升学生的学习和中国的软实力。

我必须承认自己最大的软肋是不懂汉语。除了会说“你好”“谢谢”

"不要了""好了""冰啤酒""米饭"和"再见",我上课全讲英语。学生的情况也是五花八门,有的几乎全能听懂(也许能听个八九不离十),有的凑合着能听个半懂或者更次。我的俚语、口头禅、讽刺、反话、行话和艰涩的词语夹杂在一起,把学生们带进了"迷宫"。所有的学生都带着电子词典,上课时多多少少一直在查。识字少的学生会请教学习好的,我也会经常停下来为学生解释生词,或者问他们词典上的释义。词典上的释义没错,但大多数时候,如果不是第一定义,学生就会感到更加一头雾水。说句好听的,电子词典正在变得越来越好。

我的中国学生中,除了我在珠海教的国际政治课,女生占绝大多数。一个大学生在西安的花费是每年 8 400 元,在珠海是 7 万元,这还不算吃穿和课本费。学生和家长为教育做出的牺牲可谓大矣。比起全球的任何其他地方,中国的学生狂热于为考试而学,不愿为不能过关或与得高分无关的讨论浪费时间。多数学生认为上学就是为了拿文凭和找工作,这无可非议,但却与那些期望教育的最终目的乃"致知"的教师们的愿望相悖。迫于工作和扶助家庭的压力,本科生尽量将 4 年的课程压缩到 3 年或更少就完成,用最后一年的时间来找工作。这就意味着学生常常每学期要上 9 门课,而每学期要上 18 周的课。而西方国家每学期只有 12—14 周,学生每学期只上 3—5 门课。总体说来,课程的多少说明中国的学生知识面广,而美国的学生深邃。

另外一个鲜明的情况是,在中国的课堂上,如果说有外国学生的话也没有几个。随着在中国学习的外国学生越来越多,教室里学生来源的多样化会增加解决问题的答"问"和问"答"。中国的学生虽然背景各异,但成才的过程相差无几。所有的学生习惯于听讲,几乎没有上过交谈式的讨论课。在有些课堂上,学生也会作口头陈述,但很少有研究级别的讨论就同学的观点、课本知识和老师的授课辩论和寻找不足。学生不苟同自己的所学很重要，只有这样才能充分地利用知识，达成新的共识，而新的共识又会被挑战。

在我上课的所有教室里，即便是在新建的大学里，课桌都是摆放有序，且常常是固定在地上。只要教室里的课桌可以移动，我就会把课桌围成一个圆圈，让学生们围在一起，或者是让学生每一周都换座位，这样他们就可以和不同的同学坐在一起。所有这一切会活跃课堂的气氛，让每个学生觉得更加公平。

我的大多数课是英语语言和美国研究专业，但有两堂大课是为非英语专业的学生开设的，这些学生被要求每学期要参加两次英语讲座。学生英语好的寥寥无几，背景五花八门，有一年级的新生，也有博士生，全混在一起。高年级的学生知识面广，而年轻的学生则明显英文好，且更愿意参加讨论。

虽然我的教学方法随着课程、时间和不同的尝试在变化，但我意识到了多媒体演示的重要性。电影和网络的配合更胜一筹，这几乎让最含蓄的学生也能积极参与。也许一张图片胜过千言万语，或许至少可以激发出千言万语。一旦确立了学生在讨论中的主动地位，我便会尝试着用新的方法去教授历史。孔夫子强调的是三纲五常，毛泽东提出了现代化，邓小平、江泽民和胡锦涛则是不走老路，提倡中国走刨根问底的科学之路。我敢肯定习近平会更加强调分析型教学。

我利用多媒体，给每一门课增加了“影视之夜”。在给非英语专业的学生上讲座大课时，我编的阅读作品图多字少。但就是每周仅有 4 页其中两页全为插图的作业，学生都不愿意做，因为英语功底有限。我两个小时的讲座，主要依靠多媒体，大多是一连串彩图组成的演示文稿，只有很少几个关键词和定义。用这种策略至少可以吸引学生的注意力，虽然由于语言水平低无法进行讨论，但调动起了学生的积极性，通过讨论图片学生会学到更多。

我最愉快的教学是在西北大学，每周3个小时的美国历史与文化课，我把课程分为一小时的讲座和两小时的研讨，帮我制订教学计划的是胡宗锋教授。为了确定教学计划，我在课前与学生一一见面，了解学生的语言水平和知识背景，挑选了两名助教，然后为学生选教材。我有31名英语专业的研究生，专业分别为英美文学、语言学和翻译，每周大约读30页比较难的材料。上课的时候我用幻灯演示文稿，在研讨时，我让每个学生就阅读的资料写3句话：一、中心意思，即读的是什么；二、文章的主题；三、文章的缺点，即文章有何不足。另外，我要求对每一篇阅读材料给出5个关键词。这种简短的练习刺激学生积极讨论。学生每周写一篇两页的小论文，期末写一篇5—7页的大论文，论述种族、性别和阶级，以及所选课题中对权力关系继承的不同理解。

每周三下午上课，晚上放电影，都是大片，看完电影后讨论。我选的电影和阅读材料相辅相成，提出的问题涉及种族、性别和阶级，也关乎社会、社区、民族性、国际性、跨国主义、个人主义、异议、自由主义和保守主义。我放的电影有：《激情年代》《最后的莫希干人》《断锁怒潮》《光荣之路》《恩怨情天》《纯真年代》《飞行者》《吃一碗茶》《火爆浪子》《一往无前》《晚安，好运》《猜猜谁来赴晚宴》《末路狂花》《惊爆内幕》《人性污点》《摩登时代》《阿甘正传》《欢乐谷》。[①]

我的好多学生看过《摩登时代》（*Modern Times*）和《阿甘正传》（*Forrest Gump*），不过是在家里的电视上看的，我们的教室里有大屏幕。

我的电影系列打头阵的是《欢乐谷》（*Pleasantville*），学生们一下子就喜欢起了托比·马奎尔（Tobey Maguire），因为大家都很熟悉他扮演的蜘

---

① 为方便读者了解，译者在本文文后附录了对这18部电影的简要介绍。《摩登时代》是大家都熟悉的卓别林作品，不再赘述。——译者注

蛛侠。电影中讨论的问题很多，把20世纪50年代的保守和90年代的自由联结在了一起，随着人们对过去、自己所处的环境和对自身的叩问，影片运用不断变化的黑白和彩色交替画面凸显二者的不同。这部电影也彰显了知识和教育在高等教育中的地位和作用。电影的故事情节具有浓郁的女权主义和青春活力。一些悟性高的学生看出电影中的社区控制在一小撮实施宗法控制的“灰衣人”和安全部队手中。诸如“欢乐谷”这样的口号是否表明当传统观念受到变革的挑战时一切便会不和谐？电影结束后，学生和一些允许来看电影的同事的提问很多，我曾就是否允许外人加入征求过学生们的意见，主要是担心讲话自由和信任问题，最终我决定任何人都可以来，但必须守时，坐在班里学生的后面，并且自愿参加讨论。“影视之夜”火爆了，每次都有100—120人参加。

我用从哥本哈根大学运过来的200多本书在我的办公室建了一个小阅读室，由学生中的志愿者管理，每周开放3天（周末也开放），学生可以阅读到深夜。学校为我配备了新的电脑、影碟机、打印机和国际互联网终端。学生们可以用影碟机重放电影，并在课后讨论。阅读室很受欢迎，最用功的学生都来看书。我每周两次在办公室与学生会面，解释怎样交叉运用信息，区别文集、杂志、专著、教材、自传和批评文本中的不同材料，也现场询问学生寻找参考资料的出处。

2008年秋在汕头大学，我的美国政治课上有15名学生，当代美国课上有25名学生，我们有机会讨论奥巴马、希拉里·克林顿、约翰·麦凯恩、萨拉·佩林等在其竞选过程中的表现和自传中的描述。中国学生活在当下的世界里，运用当下的例子会激发他们对当下的政治制度、社会和媒介加以比较。我经常会以“美国人和中国人会怎样比较今天所讨论的话题”这个问题作为讨论的开场白。学生们的阅读材料包括政治和历史课本，以及我分发的分析美国总统选举进程的资料。在汕头大学莱文教授主持的项目研究中，他保证教室里的桌椅可以移动，以便学生进行讨论，教室里也有国际互联网终端。

像我后来在珠海上课一样，开始上课时我会打开互联网，在讲到当下发生在美国政治和社会中的事件时，我会让学生看《纽约时报》《经济学家》《华尔街日报》和《华盛顿邮报》，当然也看发生在中国的事。有些文章会在下一次上课时分发给大家。我们浏览针对各种事件的政治演讲、采访见闻和新闻连续报道。学生观看对领导人的采访以及晚间的搞笑节目，会更好地理解这一切。有两个网站（www. realclearpolitics. com 和 www. politico. com）可以看到每天的民意结果、大选预测以及链接到各种不同的文章和视频。课外，学生可以通过网络资源拓展我们在有限的课堂所浏览的东西。我们的讨论课随即演变成了媒体表达和叩问媒介框架所需的批判思维技巧专题研讨会。

中国学生渴望讲自己的故事，也渴望了解有多种结论甚至是有争议的故事。要是21世纪的科技能为学生打开探索的大门，他们就会探讨自己长期以来认为不可触摸的历史。约翰·索菲基昂教授所言是也："育人至上，说教次之。"先有批判思维的技巧，后才有内容。

【附录】

1.《激情年代》（*The Crucible*），以美国著名剧作家亚瑟·米勒在20世纪50年代写成的舞台剧《严酷的考验》为脚本，以17世纪在美国麻州沙林村发生的女巫事件影射麦卡锡主义的恐共疑云，40多年后由作家亲自改编搬上银幕。故事讲述的是1692年，在马萨诸塞州的一个清教徒社群里，一群女孩被指控对男子施以巫术，在宗教团体和当局的严刑威逼下，女孩们不得不撒谎陷害无辜。最终有19人以"施巫术"的罪名被送上绞架。该片让人思考：什么是更深层次的诚实，什么是真正的尊严。

2.《最后的莫希干人》（*The Last of the Mohicans*），改编于美国著名作家库柏的同名小说，以英、法两大帝国争夺美洲殖民地为背景，用殖民与反殖民、压迫与自由、殖民者与土著内部的斗争及追求独立自由的白裔土著与殖民者之间的真情作为意蕴内核，尤其是影片中最后3个莫希干人身上张扬着的对自由、独立的不屈追求和勇猛抗争的精神，展现出一种人性的自由与完美，使人心潮澎湃，激荡不已。土著之间的相互争斗，野蛮而可悲。他们为了自己的生存以动物的方式互相倾轧、吞噬，而他们又无一不是殖民者压迫的对象和利用工具。他们流淌的鲜血都是殖民者罪恶的见证。在这些土著中，最为正直的就是这最后3个莫希干人。他们与其他土著的不同，关键在于他们始终保持着人格的独立和清醒的头脑，他们决不加入任何一方的殖民军团中，他们始终昂首阔步，镇定自如地走在他们世代生长的土地上，在他们身上，集中显现了对自由的追求和维护的可贵精神。正是在这种坚定的人生信仰下，他们勇猛不屈，正直无私。

3.《断锁怒潮》(*Amistad*)，又翻译为《勇者无惧》《阿米斯塔德号》，是一部反映黑人奴隶争取自由的影片，取材于真实的历史事件，导演斯皮尔伯格借用《辛德勒名单》的纪实手法，艺术地再现了一场举世闻名的黑奴起义，但重心在于由此引起的一场解放黑人废除奴隶制的法庭斗争。1839年夏，关着53名非洲黑人的西班牙运奴船“阿米斯塔德号”行驶到古巴海岸不远处，遇上狂风暴雨。黑奴首领辛克带头造反，以武力控制了全船。他们只有一个目的：返回家园。“阿米斯塔德号”在美洲东海岸漂流两个月，在美国康涅狄格州海岸被美国海军拦截。53名非洲人以谋杀船员的罪名被起诉。

4.《光荣之路》(*Glory*)，影片的故事发生在第一次世界大战中的战壕里，战争的无力感和讽刺意味充斥全片。在后方安然自得地住在美丽城堡里的将军，向在前线卖命杀敌的陆军上尉达克斯下达了一个命令：不惜任何代价占领安特山。这一命令在当时的战况下无异于让战士们去自杀，任务注定是要失败的。将军为了掩盖自己犯下的致命错误，下令逮捕3个无辜的小兵，宣称他们犯下了临阵脱逃和叛变的罪行。

5.《恩怨情天》(*The Unforgiven*)，讲述白人和印第安人互相复仇的故事。

故事的情节是1850年德州牧场的扎克立家族来了一位流浪汉，称扎克立家的女儿是印第安凯欧族孤儿，引起凯欧族来此要人。这个问题是因为上一代白人与印第安人相互寻仇，白人抱走印第安婴儿回家抚养，而该流浪客的儿子亦被印第安人掳走。流浪客向扎克立家族要求以女婴交换其儿子被拒，引起白人和印第安人的交战。

6.《纯真年代》(*The Age of Innocence*)，是拍摄于1992年的美国电影。根据普利策奖史上首度获奖的女性作家艾迪丝·华顿1921年的同名小说改编，主要描述发生于19世纪70年代纽约上流社会的三角恋情。

7.《飞行者》(*The Aviator*)，故事中的主人公休斯出生于德克萨斯的一个富有家庭，父母在他即将成年之时相继去世，为他留下了一笔巨额的遗产。后来休斯移居洛杉矶，成为一个著名的好莱坞制片人，除了大力提携珍·哈露等年轻女演员，还促成了经典空战片《地狱天使》等影片的拍摄，最终获得雷电华电影公司的所有权。休斯的传奇经历并不止好莱坞，他还入主美国环球航空公司并扭亏为盈，二战期间主持了蓝云杉飞机的发明和改进，战后他积极向电子领域拓展事业，旗下的公司对卫星技术做出了重大贡献，而他在拉斯维加斯的赌场也享有盛名。该片取材自霍华德·休斯的个人生平，聚焦于他早期的生活和对飞行的热情，详细描述了他传奇般的发迹史。

8.《吃一碗茶》(*Eat a Bowl of Tea*)，是根据朱路易(Louis Chu)同名小说改编、王颖执导的电影，再现了臭名昭著的《排华法案》给纽约唐人街两代中国移民所带来的恐惧和后遗症。这一法案拆散了无数中国人的家庭，剥夺了中国男人拥有女人的权利。它对中国家庭的系统性灭绝在华人社区中造成了严重的精神创伤。影片开头的场面是，排成长队的中国男人依次等候轮流去见一名妓女。唐人街沦为一个衰败不堪的单身汉市镇。种族歧视所造成的上一代的性功能丧失对孩子们产生了长久的影响。而电影的结尾却讲了一个恢复元气的故事：Mei Oi给她的丈夫Ben Loy喝一种千方百计从中国搞到的特殊的茶，以恢复他的性功能。电影的最后几个镜头预示了种族的延续、孙儿们的出生以及在新的土地上重建家庭。

9.《火爆浪子》(*Grease*),又被翻译为《油脂》,故事讲的是澳大利亚姑娘珊迪·奥森爱上了学校“硬汉帮”的头头丹尼,为了能和他配对,原本端庄稳重的珊迪变得赶时髦潮流,也故意和全校有名的漂亮运动员约会,这样丹尼出于嫉妒又来追求珊迪。本片有很多歌舞场面,男女主角也唱了不少新老流行歌曲,成为1978年入夏以来美国影坛上又一部轰动的影片。

10.《一往无前》(*Walk the Line*),也翻译为《与歌同行》,故事讲述的是约翰尼·卡什出生于美国南部阿肯色州的小农场,农场工人的民谣和赞美诗让他自幼年时就迷上了音乐。酷爱音乐的妈妈嘉莉一直激励着卡什在歌唱的道路上努力前行,“上帝在眷顾着你,总有一天你会为全世界唱歌的”。1950年,应征入伍后的卡什从内而外发生了变化,战争的残酷使得他开始独立思考一些沉重的问题,这种习惯养成了他日后作品的独特视角。同样是在军中,20岁的卡什第一次接触到了吉他,很快就无师自通地成了吉他高手。1955年,退役后到孟菲斯当地电台和酒吧驻唱跑场的卡什,凭借出众的音色博得了太阳唱片公司老板山姆·菲利普斯的青睐,随后与之签约,一气推出了三张单曲,其中“I Walk the Line”在“公告牌”乡村音乐冠军的宝座上驻留6周之久,热卖了200万张。卡什的音乐传奇之旅由此铺开。卡什演出时永远一身黑衣,也常唱到犯罪、凶杀等较灰暗的内容,所以被人赋予了“黑衣人”的称号。当卡什的声望趋于顶峰时,厄运也随之降临,在大量的演出安排下,卡什开始依赖吸食安非他命来缓解精神压力,药物的副作用很快就影响了卡什的生活,深受毒瘾困扰的他干脆抛妻别子远走纽约。在纽约,卡什遇见了生命中最重要的女人琼·卡特,如六月般温暖的琼是以乡村音乐闻名的卡特家族的传人,也是卡什朋友的妻子。在琼的帮助下,卡什重返阔别4年之久的乡村音乐的冠军宝座,两人的关系日趋明朗。但毒品与酒精令卡什的演唱事业再度陷落低谷,忍无可忍的原配妻子终于离他而去。正当卡什处于绝望的边缘时,已与丈夫离婚的琼来到了他的身边,爱情和宗教的力量终于挽救了卡什,戒除毒瘾的他在卡特家族的强大支持和哥伦比亚公司的鼓励下,重新登上了事业的顶峰。

11.《晚安,好运》(*Good Night and Good Luck*),是一部有关著名记者兼播音员爱德华·R·莫洛的影片。莫洛是一位受人尊敬的公众人物,他传奇的经历就是同声名狼藉的参议员约瑟夫·麦卡锡进行对抗和斗争,并最终将这个臭名昭著的政客从政治舞台上拉了下来。《晚安,好运》的剧情表现的就是历史上那次著名的美国众议院反共产主义听证会上的对峙。莫洛是当时哥伦比亚广播公司一个新闻评论节目的主持人,他和节目制片人弗瑞德·弗莱德里揭露了在当时政坛上呼风唤雨的麦卡锡如何利用谎言和暴力手段,达到愚弄、蒙蔽公众并进一步控制美国政治走向的种种劣行。莫洛与他的同事的行动在当时引起了轩然大波,成为美国新闻史上最具传奇性的时刻。

12.《猜猜谁来赴晚宴》(*Guess Who's Coming to Dinner*),电影讲述了一个争议性的话题——白人与黑人通婚——带给父母们的困扰。一对热恋中的男女打算结婚,男方来到女方家里征求女方父母的同意。这对男女与其他情侣最大的不同是肤色,女人是白人,男人是黑人。当女方父母看到男人时,都感到很震惊且不知所措。但女方父母都是很有修养的人,他们分别与男人聊起天来。男人表达了自己的想法:如果他们不同意,他是不会与女人结婚的。女方母亲渐渐接受了男人,而父亲在犹豫中。此时,女方父母的一位神父朋友来探访,非常赞同孩子们的婚姻,并且决定在晚餐前来助兴。随后,女方母亲的下属来猎奇,生气的母亲把她撵走并辞退了她。这时,男方的父母要来探望儿子,女人热情地邀请他们来自己家晚餐。于是在晚餐前,双方的父母、神父和这对男女以及黑人女佣都集中在了女方家里。两位父亲都不同意这桩婚事,而两位母亲都同意。女方父亲在神父的劝说下没有动摇,但是在与男方母亲的交谈中了解到:爱情不分黑与白,与肤色无关。同时,男人也与父亲表明了态度。最后,双方的父亲都改变了主意,同意了这桩婚事。电影在晚餐中结束了。这是一部轻松愉快的喜剧片,用充满戏剧性的矛盾冲突，制造出一段段滑稽的搞笑场景。不过，电影却在这些笑料之下，反映了一个深刻的社会问题——异族通婚，并且引申出种族歧视的方方面面，引发观众的思考。该片用喜剧的方式反映了现实社会中异族通婚带给人们的困扰，并通过这个故事将社会上人们对于这些事情的不同观点与看法表现出来，发人深省。

13.《末路狂花》(*Thelma and Louise*)，是一部被奉为女性主义的经典影片。两个女主人公——塞尔玛和露易斯：塞尔玛是个温柔贤淑的家庭主妇；而露易斯是餐厅侍应生，有过被强奸经历的阴影，对男人十分戒备，性格刚强，但厌倦平淡的生活。两人决定周末一起出去旅行散心，不料塞尔玛在乡间酒吧由于过于单纯，险遭强奸，露易斯及时赶到并在盛怒之下开枪打死了这个出言不逊、不思悔过的花花公子，两人惊恐万状。露易斯因为有过被强奸的阴影，不再相信警方，所以断然拒绝塞尔玛主动报警的提议，她们迅速逃离现场并计划逃到墨西哥。途中警方的追捕步步逼近，在不断的斗争和取舍的挣扎中，两人的性格、个体独立意识发生很大转变。最终她们以英雄主义的方式向父权男权社会抗争，却以同样方式被推向不归路，只能投向最近的天堂，让上帝抚慰这不幸的灵魂。

14.《惊爆内幕》(*The Insider*)，根据新闻记者玛丽·布伦纳为1996年5月发行的《名利场》(*Vanity Fair*)杂志写的一篇文章《知道太多内幕的人》(*The Man Who Knew Too Much*)改编。片中人物故事皆是真实发生的人和事。电影介绍了美国烟草公司隐瞒香烟致癌的消息的故事。这个真实的美国故事向我们揭示了所谓言论和新闻自由的实质。它是一个美好的理想，也是一个传说。真正实现这个理想，需要人们去奋斗，即使是在美国这样的民主的国度里，有时也需要你付出生命的代价。

15.《人性污点》(*The Human Stain*)，根据普利策文学奖获得者菲利普·罗斯(Philip Roth) 2000年出版的畅销小说改编。故事发生在1998年春天，人过中年的犹太人科尔曼·希尔科是一位著名的古典文学教授，就职于新英格兰小镇上一个非常有声望的大学，在学术界颇具威望。处于事业巅峰的科尔曼，却因为最近在课堂上的一句话而使自己陷入了危机。他称呼一些逃课的学生为“幽灵”，而被人指为种族主义者。就这样，科尔曼在自己50岁的时候走上了人生的下坡路，为了掩饰一些不为人知的秘密，他谎称自己患了癌症，想以生病为借口躲避人们的攻击。然而没过多久，科尔曼的婚外恋就被曝光——和他发生关系的女人，竟是一个比他年轻许多的学校清洁工弗妮娅，她是一个没受过多少教育、美丽却粗俗的女人，和科尔曼的这场婚外恋已经有好一段日子了。婚外情的暴露令科尔曼更加焦头烂额，他不得不寻求好朋友、作家纳森·祖克曼的帮助。其实，祖克曼一直在调查科尔曼的故事，并对他的身世极为好奇。渐渐的，科尔曼被引向一个充满欺骗、伤害和矛盾冲突的旋涡中，最终必定会揭露他那个永远不愿向外人透露的伤疤。

16.《阿甘正传》(*Forrest Gump*)，阿甘是个智商只有75的低能儿，在学校里为了躲避别的孩子的欺侮，听从朋友珍妮的话而开始“跑”，他跑着躲避别人的捉弄。在中学时，他为了躲避别人而跑进了一所学校的橄榄球场，就这样跑进了大学。阿甘被破格录取，并成了橄榄球巨星，受到了肯尼迪总统的接见。大学毕业后，阿甘又应征入伍去了越南。在那里，他有了两个朋友：热衷捕虾的布巴和令人敬畏的长官邓·泰勒上尉。这时，珍妮已经堕落，过着放荡的生活。阿甘一直爱着珍妮，但珍妮却不爱他。战争结束后，阿甘作为英雄受到了约翰逊总统的接见。在一次和平集会上，阿甘又遇见了珍妮，两人匆匆相遇又匆匆分手。在“说到就要做到”这一信条的指引下，阿甘最终闯出了一片属于自己的天空。

17.《欢乐谷》(*Pleasantville*)，是一部与美国50年代热播电视剧同名的电影，出品于1998年。影片用超现实主义的手法映射了面临世纪之末的美国人的心态——既向往世外桃源般的和谐生活又追求个性(尤其是性)的解放。影片探讨了传统价值与现代性之间的摩擦和错位，并涉及社会进步与道德进步的平行问题。

第四章

皆有可能的时代

10. 挑战历史：中美在21世纪的安全问题

2012年6月，美国防务分析家罗伯特·哈迪克（Robert Haddick）在国际时事名刊《外交政策》上撰文，说亚太地区“越来越糟的军事趋势”，源于这一地区的所有国家几乎都专注于军事的现代化。在谈到奥巴马政府的“平衡”和“转向”、将矛头指向中国时他的结论是：“美国休想在西太平洋的军备竞赛中获胜。”当然，中国和菲律宾在岛屿主权，特别是在中国南海黄岩岛的紧张局势、朝鲜的卫星发射失败以及美国总统大选中越来越升温的煽动言辞，使得安全问题变得越来越重要。

本文涉及军备竞赛、军事能力和有可能发生的战争。作为开场白，我要强调的是在未来的10年里，我认为中国和美国之间的热战只是空穴来风。眼下北京和华盛顿在位的领导人也没人想看到两国之间的冷战，至少在表面看来是如此。军备建设应另当别论。显然在21世纪，龙与鹰在军事上日益壮大，二者的抗衡对世界新秩序的形成至关重要。至于这种抗衡会对世界和平有益，还是可能会导致将来的冲突，人们仍旧在猜测之中。

即便是中美两国的社会和经济关系喜人，中美也向民众一再宣称互有好感，但两国之间63年之久的政治互疑，正随着中国大国地位的跃升和美国势力在亚太地区的相对下降日趋凸显。美国对军事对手的讨论紧紧围绕着龙在其领海区域日益强大的竞争实力，特别是在中国的南海和东海，直到以后更进一步，走向全球的公海领域。中国需要军事现代化以保护自己的远洋贸易和发掘海底的自然资源。中国的领导人知道，政治稳定和持续的经济繁荣依靠的是进口和贸易航线的一路畅通。

在2012年6月新加坡举行的第11届亚洲安全峰会上（此会也被称为“香格里拉对话会”），美国国防部长帕内塔说中美关系自然会有些“磕磕绊绊”，两国的关系会受到挑战：“对此我们不天真，中国也不幼稚。我们双方理解我们之间的差异，理解我们之间的冲突，但也理解除了加强我们之间的交流和促进我们之间的军事关系无他途可走。”该峰会的前一天，在挪威的奥斯陆，美国国务卿希拉里对全世界的媒体说：“我们与中国关系的目标是要挑战历史……一个久负盛名的大国和一个正在崛起的大国不但要共存，而且还要合作，这是前所未有的。在与中国的关系上我们意欲创造历史。”

挑战历史向来不易，即便是在全球化和相互依赖愈来愈多的背景下，也需要保护国家的主权。众所周知，中国的军费支出、攻击和防御力量在快速提升，但中国动用其军事力量的前途却无人知晓。然而，美国的军费支出超过排在其后的17个国家的总和。美国动用军事力量的历史并非新闻，自1945年以来，美国曾417次对他国动用武力。美国的暴力史以及持续的庞大军费支出引起中国关注，让中国感到有安全困境也在情理之中。

虽然没有多少人真正关心鹰是否会动武，但随着龙在全球经济中的飞速发展和保护其发展的海军实力的壮大，龙的举动越来越成为全球媒体和各国军事专家探讨的主题。历史的经验告诉我们，大国在成长的过程中会加强自己的军事攻击力量。这种区域和全球军事力量的变化会导致冲突和战争。龙与鹰是否会挑战历史，像克林顿总统提出的那样，在军事领域携手维护和平呢？

胡锦涛是军事现代化的主导者，如《解放军报》2005 年报道的那样，以“用科学发展观指导统领军队战斗力建设”而闻名。胡先生也曾指出中国正面临国内外的“严峻挑战”，“我们要提高警惕，提高应对危机和突发事件的能力”。

与此同时，美国虽然在火力打击、军事部署、技术革新和军费预算上是全世界的“老大”，但全球持续的经济危机，耗时 10 年的伊拉克和阿富汗战争使美国在军事上颇有压力。而龙既在境外无驻军（除了在联合国的“维和”部队，中国在境外没有任何部队），又没有近期战争的骚扰。鹰在全球的数百个军事基地有成千上万的士兵，有丰富的作战经验。我们要质疑的问题很多。为了国家利益和安全，中国将有何举措？美国怎样才能保持自己的优势？与亚洲国家的军事结盟会达到怎样的区域平衡？在中国南海和东海，主权的冲突能否避免？

2012 年 5 月 18 日，五角大楼发布了《2011 年中华人民共和国军事与安全发展报告》，这是给美国国会的一份既保密又公开的报告。报告强调美国和中国的合作，指出“没有大的战争威胁”，报告的口吻很直接：“中国正在实施强大而有序的军事现代化项目”。五角大楼突出的是中国在军事上的“核心利益”，包括台湾问题、发展超出人们想象的互联网战、计算机手段、潜艇、航母、隐形机技术、远程导弹和空间技术。罗伯特·哈迪克在文章中也指出，虽然中国的长期舰艇制造计划是未知的，但到 2020 年，中国将会拥有 106 艘大战舰，其中 72 艘为攻击性潜艇。另外，中国的地对空导弹与火炮力量将会使人民解放军在近海拥有优势。

该报告指出中国连续 20 年的军费预算支出，在 2012 年将上升到 1 060 亿美元，而实际的支出可能超过 1 800 亿美元。虽然该报告的不详口吻称中国“会更加果断地追逐策略优势”，但五角大楼的报告并非危言耸听，其最关注的是中国军事现代化的不透明和在全球公海领域的真实意图。

该报告发布一天后，中国国防部公开指责美国的指控虚假，包括所说的间谍和网络袭击，夸大中国的军事力量以便加大美国在亚太的武器兜售。中国国防部发言人耿雁生说，美国应当“停止一切将会破坏中美关系和两军互信的言论”。这些言论重复的是美国驻中国前任大使查尔斯·弗里曼的话，他曾经说美国的“军工企业集团通过妖魔化中国获取自己的既得利益”。2010 年，在全世界的军事出口中，美国的武器销售占 30%。

在 2011 年的新作《中国、美国与全球秩序》中，牛津大学的罗斯玛丽·福特教授和伦敦经济学院的安德鲁·瓦尔特教授认为，复杂的经济相互依赖、全球社会以及国际常规将会使中美关系稳固，因为两国都乐于安于现状，不可能开战。而军事专家费学礼(Richard Fisher)在其 2010 年出版的《中国的军事现代化》一书中说，美国和中国的双边关系极有可能变得更加敌对，特别是在军事安全领域。虽然两国的民间组织趋向于合作，但两国政府的军队要做好打仗的准备。2012 年 6 月 4 日，中国军事科学院副院长、中国人民解放军的任海泉中将向国际媒体证实了这一估想：“我们仍旧面临复杂有时是严峻的形势，我们要做好应对各种复杂严峻情况的准备，有一句话叫‘从最坏处准备，向最好处努力’。”

中国和美国合作的同时也在竞争。两国的政府都想尽力息事宁人，但两国的军事家却怀疑各自的动机，常常陷入相互指手画脚和小小的武力威胁。见微知著，美国和中国在维护主权和国际法时都有些过火，有时甚至是咄咄逼人。这种武断是否会导致“卫星时刻”①的到来，或者是一

① 卫星时刻：即 sputnik moment，是指苏联在 1957 年发射人类首枚人造卫星，美国受到刺激，掀起科研热情，此后数十年科技领先。——译者注

不小心擦枪走火，抑或是美国受政客的蛊惑，妄想切断中国石油的后路而引起第三次世界大战。

社会学家对“安全困境”的解释是指在国际事务中涉及意图和能力时的一个信任问题。在国际秩序遭到挑战、新的力量加入或是超级大国开始衰败，其大国地位岌岌可危时，这种困境尤显突出。如果一个国家增加自己的军事支出，它的对手也就会加速自己的现代化。

2011 年 11 月，奥巴马政府宣布“重返亚洲”。中国的主流媒体新华社和《解放军报》随即称这是对中国的“合围”。美国宣称事实并非如此，此举只是为了迎接“非传统的挑战”。中国则反击说自己是为了防御目的在建设军备，不会威胁到任何国家。美国回应说自己保护全球公海安全的意图也不威胁任何其他国家，并说对此问题的大多争论在于“透明”或缺少透明，如此等等。中国人民解放军罗援少将对《中国日报》的记者说：“美国以往总是要求中国军事透明，美国应向中国说明其重返的目的”。两个国家的这种言论以及防御措施演绎的正是“安全困境”的局面。

有关“太平洋世纪”的出现，以及如果这真的是“中国世纪”，该地区和全球将又会是如何的话题在升温。专家们在问：如果中国成为下一个霸主，将美国像英国在 19 世纪那样取而代之又会是如何？美国是否会设法在中国的周遭设一个“包围圈”？有人说美国已开始这样做了。日本、印度、菲律宾、印度尼西亚、澳大利亚、新加坡、马来西亚、俄罗斯、越南和韩国都已开始增加军费支出。很多国家在与他国结盟的同时都小心翼翼地注视着龙。日本已重新将主力部署在了南侧，俄罗斯宣布计划提升在海参崴的舰队编制，越南正在购置现代护卫舰和 6 艘潜艇。所有邻国对中国军事力量的壮大都忧心忡忡，当国际秩序中加进一个新的大国时，这些反应很正常，也在预料之中。

从20世纪90年代中期起,中美两国的国家安全机构就互相确认对方为潜在的威胁,并采取了相应的遏制措施。中国的"地区控制"战略,即众所周知的"反介入和区域阻绝",美国的"千舰海军"①和"空海联合作战",就反映出了两国的最新战略。这种战略上的辩证法其核心是"亚洲世纪"的变化无常。中美双方都坚持认为自己的战略是善意的。美国海军战争学院的战略分析家安德鲁·埃里克森在其2010年出版的《美国和中国以及与欧盟的关系》一书中写道:"(美国)不愿放弃传统上的'霸权'以及其长期以来的'海上控制权'……(这是)一种由来已久的海上霸权思想。"

在2012年4月的"东亚论坛"上,当法里德·扎卡里亚(Fareed Zakaria)提出"西方的衰落与他人的崛起"时,伦敦经济学院的穆哈默德·阿里(Mahmud Ali)教授则预测这将是一个浮躁且变化无常的过渡阶段。

一场"中国对阵所有其他国家"的范式正在亚太形成,使该地区蒙上了一层"冷战"时期两极分化的阴影。朝鲜半岛的紧张局势、中国和日本的海上领土争端、中国南海发生的争议、与印度未解决的边境问题等,都可能是引发冲突的导火索。尽管在太平洋有争议,但中国及其评论家都在为发生意外做准备。在这种相互联结、互相依赖的背景下,民族精英所谓对"国家利益"的强硬追求并非只是不合时宜,而是有潜在的危险。全世界都在屏息等待这一切的答案。

在中国和美国国内有关怎样合作与竞争也有不同的声音。既有倾向自由的世界大同主义,也有激进的民族主义。塞缪尔·亨廷顿教授也许

① 千舰海军:即 Thousand Ship Navy,是美国海军战略的一个大胆构想。所谓的"千舰海军",并不是说美国要建一个由1000艘战舰组成的庞大舰队,其含义是要联合世界上所有能联合的海上力量,一起应对各种海上威胁,与外国海军结成亲密伙伴关系,形成一个国际性的海上"联盟"。"千舰海军"的构想后来更名为"全球海事合作关系"(Global Maritime Partnership)。——译者注

是对的，他认为不信任的层次和文化差异的腐蚀力是如此之强，就连言辞上的不和也会导致大大小小的冲突。北京大学国际关系学院院长王缉思教授认为可能有更大的危险，因为中国觉得“保持低调的时代”已经过去了，随着暗中监视的上升、军事转移和积累的出现，王教授的警告尤显重要：“最坏的情形就是导致实际上的武装冲突”。

1991 年，美国神速战胜伊拉克，靠的是高端武器、定点准确、电脑瞄准、综合通信系统和巨大的摧毁力。美国力量的展现对中国人民解放军大为有用，这场战争显示出中国人民解放军要放弃依赖拥有世界上最庞大的军队，要开始军队的现代化和实施可以与美国抗衡的国力战略。同一年，在苏联解体时，中国的决策者开始认真对待美国展示的“军事革命”[①]。这场革命依靠的是电脑程序和卫星定位。1993 年，江泽民总书记将“军事革命”作为中国人民解放军现代化的关键，以帮助解放军打赢“高科技（信息）条件下的局部战争”。江泽民将这称为“信息”，2012 年五角大楼的报告称为“自动化指挥系统”。据五角大楼的评估，“一套完善的‘自动化指挥系统’可以使中国人民解放军在复杂的作战条件下具有高水准的同步和灵敏打击力”。

中国领导人在讲到“积极防御”时强调，“中国不会发动战争或是发动侵略战”。2007 年章沁生将军在谈到中国的政策时说：“从战略上讲，我们坚持防御和自卫，只有在受到敌人攻击时通过还击取胜。”2012 年 6 月，任海泉中将在亚洲安全峰会上再次重申：“人不犯我，我不犯人……当我们国家的根本利益受到威胁的时候，我们会有反击手段。”

但也有人说中国的确会率先发动战争，正如国防大学教科书里解释的那样，“积极防御的实质就是采取积极的攻势行动歼灭敌人”。中国人

① 军事革命（revolution in military affairs），即走精兵之路，把“大而全”的冷战机器以高科技打造为“少而精”。——译者注

民解放军手册《战略学》对此说得更清楚："如果敌人伤害到了我们的国家利益，那就意味着敌人已经打响了第一枪，（这将迫使我们）竭尽全力，率先动手消灭敌人。"

很多分析家认为大国之间不可能再出现战争，这只是一种愿望，显示的是对历史的傲慢挑战。即便我们期望这些分析家是对的，但现实主义者认为大国政治不仅仅是经济，还牵扯到历史、复仇、自尊和某些个人角色的弱智决定。在 2012 年出版的《美国的世界》一书中，罗伯特·卡根说：

> （人们）无法想象国家领导人的举动会没有理智，想不到他们出于野心和恐惧，会牺牲经济利益，甚至是让国库破产。他们会把领土当作值得开战的目标，不假思索，任意动用所有可怕的武器——违反墨迹未干的国际协议——在所有的一切当中，给他们以支持的是反对世界大同的民族自尊煽动下的激情民众。

罗伯特·卡根提醒我们，20 世纪在"历史上最血腥"。他指责有人认为"经过了一万年的战争，只要几十年和一些技术革新就可以改变人性和国际关系的实质"。显然卡根认为历史将重演，现今难逃罪责。克林顿认为中国和美国可以改变这不幸的预言。

1927 年，在中国内战期间，毛泽东说过："枪杆子里面出政权。"就在不久前的 2005 年，在台湾局势紧张时，中国人民解放军的朱成虎少将对西方记者说："如果美国人用他们的导弹或制导武器袭击中国领土内的目标区，我认为我们将必须以核武反击……（为了保卫台湾）我们将会决心反击。我们已经做好牺牲西安以东所有城市的准备。当然，美国也必须做好准备，美国 100 多个或 200 多个，甚至更多的城市可能被中国摧毁。"

2011 年，清华大学的阎学通教授提到"军事力量支撑霸权"，他说在不远的将来，人们会看到中国和美国之间的军事竞争“无法避免”。

中国眼下正处在上升阶段。普林斯顿大学的阿拉贡·弗瑞博格（Aragon Friedberg）教授在其2011年出版的《地位之争：中美在亚洲的统治博弈》一书中探讨了地缘政治斗争，他发现自从2008年的全球金融危机以后，中国就一直（也有能力）在外交事务上表现强硬了。这对美国来说的确新鲜。弗瑞博格说鹰从未遇到过这样的竞争对手，这个对手人口众多，土地广袤，资源丰富，资金充足。美国以前的对手——纳粹德国、日本和苏联都和21世纪的中国不在同一个级别。近125年来，美国一直是世界上经济最强大的国家，而这个新挑战者是一个前所未有的、庞大而富有的“利维坦”①。弗瑞博格说美国要迅速应对，否则“西太平洋的军事平衡就会急剧偏向对中国有利的一面”。奥巴马当局的人一直在读弗瑞博格和卡根的著作。

中国和美国都很强大，也都让人难以预料。美国言论上的喧嚷很是透明，而其“貌似不愿却突然攻击”的历史范例让世人震惊。弗瑞博格看到随着两个国家都武装到了牙齿，一幅地缘之争的悲剧画面正在展开。他建议解决问题的上上策是走军方对话、武器力量均衡和外交之路。

在2012年，美国常被认为是“逆历史潮流而行”——在衰退。随着全球经济和政治平衡力量的变化，中国对其他国家有了新的吸引力。在美国，衰退论者哀叹随着世界进入一个新的纪元，当其他大国（也包括联合国）活动筋骨时，美国失去了其独霸天下的地位。而反衰退论者（有时被称为“持久论者”）则坚持认为全球化和眼下的霸权会帮助鹰保持其地位。从此观点看，美国应当约束中国在亚太部署更多的综合力量。弗瑞博格是一位持久论者，他认为美国的力量会持久下去，并不是在衰退。他

---

① 利维坦：即Leviathan，其出自《圣经》中的《以赛亚书》，象征邪恶的海中怪兽，喻指庞然大物。——译者注

提出了一项双齿战略，即在军事上包容中国的壮大，在其他所有的外交领域遏制中国。他将这称之为是“车闸”，即遏制加接触。而新现实主义者和持久论者卡根则谈到了“通过复杂的调节建立新的平衡”——有时是通过外交，有时是通过战争或战争威吓。

就眼下而言，中国是亚洲陆地上的强者，美国是海上的霸主。中国一直是陆地上的大国，但中国知道21世纪是一个需要强大海军的海洋世纪。在2007年，胡锦涛总书记强调过海军的现代化，“海军要致力于建设海军陆战队，有在信息化条件下作战的能力，要加强在海岸水域、联合作战和海上携同支持的综合能力”。

显然，奥巴马已经聚焦于在中国的后院加强美国的军事力量。美国在太平洋的长期盟友日本、韩国、澳大利亚、菲律宾、中国台湾、新西兰和泰国对此表示支持。五角大楼在关岛增加了兵力部署，与日本就危急关头动用武力达成了更好的谅解，增加了沿中国海岸的监视与巡逻。

2 500名海军陆战队士兵已驻扎在了澳大利亚，要是亚洲发生战事，为韩国派遣69 000名美国士兵的应急计划也在部署之中。美国也在和印度、印度尼西亚、新加坡、越南和缅甸更新安全协议。美国军方将会在菲律宾和澳大利亚参加一系列的暂时换防。美国海军将会在中国的东海、南海和马六甲海峡举行定期的演习，更多的武器销售合同正在签署。

很多人说中国被包围了，这话不假，但这并不是什么新闻，因为长久以来，日本、韩国和泰国就一直在美国的核安全保护伞下。要是美国从该地区撤出，情形又将会如何呢？要是日本迅速军事化到大国的地位，就会出现危险的军备竞赛。日本、韩国和澳大利亚也许会走向制造核武器，而且会很快——如果朝鲜执意进行自己的核计划，无论如何他们会效仿。中国和美国的领导人都不愿看到这种事情发生，因此最好是维持现状。

亚太和世界上的其他地方一样，需要有内部和外部的平衡。所谓内部平衡就是亚洲国家要公开地约束自己的邻国中国，依据国际秩序的要求，平衡与这个亚洲大国的关系；所谓的外部平衡（有时被称为"海外平衡"）就是指美国和其他非亚洲的大国在远处的影响。即将形成的世界新格局是由最强大的中国、美国和欧盟组成的一个三角关系，而巴西、日本、印度、俄罗斯、土耳其和其他几个国家是区域强国。

2012年3月，外交政策专家、北京大学的王缉思教授和布鲁金斯学会高级研究员李侃如（Kenneth Lieberthal）联合撰写了题为《中美战略互疑：解析与分析》的重要文章，他们强调中国和美国"在长远意图方面的互不信任"，是一种"实实在在且还在增长的战略互疑"。他们认为"战略互疑"并非只是在军事上，而是植根于双边关系的权利政治中，人们敏锐地感受到了中国在全球力量中的崛起和美国在这场"零和"①博弈中的衰退。

王缉思和李侃如认为中美之间的战略互疑主要有三大来源。第一，是中美之间基于不同的政治传统、价值体系与文化之上的体制结构。美国的新自由主义和新现实主义分子使中国很难相信美国会尊重与其不同的体制模式。第二，双方对彼此决策过程的不了解和误解。双方都认为对方有阴谋，怀疑对方的一举一动。第三，双方互不信任。因为彼此间的实力差距在日益缩小，这种差距的缩小，伴随着双方国内危言耸听的夸大和民粹趋势，以及权力转移中的"零和"思想，引起了互不信任的升级。

中美的互不信任是有历史渊源的，特别是在毛泽东赢得中国国内战争的胜利、台湾问题的出现、朝鲜战争后以及在"冷战"的危机岁月里，龙和鹰势不两立。美国人到现在还在引用毛泽东关于可以打赢核战的言

---

① 零和：即 zero-sum，是博弈论的一个概念，意思是双方博弈，一方得利必然意味着另一方吃亏，一方得益多少，另一方就吃亏多少，双方得失相抵，总数为零，所以称为"零和"。——译者注

论:“不管发生什么样的战争,常规战或核战——我们会赢的……我们可能牺牲3亿多人,那又如何? 战争是战争,时间会过去,我们会生出比以前更多的孩子。”中国人知道这一点且引用其来反对美帝国主义的侵略企图,“百年屈辱”的历史永远不会再现。

讲到平衡,中国的邻居都在选择军事盟友,美国是一个有吸引力的霸主,但却远在亚洲之外,而中国就是家门口的强者。美国在地理位置上来讲很遥远,用一句中国的话来讲就是“山高水长皇帝远”,然而让平衡变得复杂的是美国这个“远皇帝”,几乎有能力在所有地方插手军事。

近一个世纪以来,美国一直是全球海军的老大,第二次世界大战以来,全世界的海洋就是美国的一个湖。现在开始变了,但美国的11个航母大队意味着在不久的将来,美国在全球的战事中没有“竞争对手”。美国的太平洋司令部有325 000人,6个航母攻击群,180艘船舰和近2 000架飞机,可以实施快速集中打击。“重返亚洲”将会提升其指挥能力和参与盟友的合作。在2011年,美国的太平洋司令部与24个国家举行了173次军事演习,多数演习都在围绕着第一岛链。

2015年,全球最先进的航空母舰“福特号”将会建成服役,这将极大地提升美国太平洋舰队的力量。4年后,另一艘新航母“肯尼迪号”也会加入部署。另外,随着美国的军事盟友、远程轰炸机和洲际弹道导弹的增加,美国的势力也会提高。中国会继续自己的军事现代化,与鹰对抗。

在和平年代,美国海军60年来一直在管理世界上的海上贸易航线,保护商船在中东和世界各地的石油输送渠道。中国现在参与到了这个多边行动中。中国已安排了一个“珍珠链”战略——在缅甸、巴基斯坦和斯里兰卡建立了加油站和港口,以帮助中国来往波斯湾的船舰。到目前为止,还只有加油和给养港口,没有海军基地。对于中国来讲,随着全球事务的增加,这些利益需要保护和防御。复旦大学的沈丁力教授明确指出:

“世人发现中国无处不在，中国也发现到处有自己的身影。”但中国在计划壮大自己的蓝色海军时，也警醒了其他国家：面对强大的新力量需要自我保护和防御。

在认可中美有可能发生战争时，哈佛大学的江忆恩（Alistair Iain Johnston）教授说中国“爱滋事”，1949 年以来，在 11 次外交争端中 8 次动武。江忆恩教授称这些与俄罗斯、印度、韩国、越南和中国台湾地区的争端“高度紧张”“很严重”，且是“全力一战”。在中国的南海，很多方面的主权问题涉及岛屿、水下丰富的资源以及对公海自由航行权、专属经济区和国际常规的不同看法。

除此之外，实际上，世界上最“爱滋事”的国家是美国，从 1946 年至 2012 年，美国曾 417 次对他国动武，这些数据加剧了两国之间发生武装冲突的可能性。这里加个注释也许更恰当，美国在硬件和盟友上有优势，而现在的中国军队和领导人没有战争经验，很多人没有在军队服役的经历。中国人民解放军还没有“见到大象”——这是士兵谈打仗的行话——指没有经过战争的考验。而美国已屡经磨炼，美国士兵近期用过武器，现在仍在用，他们在战斗和与其他兵种，甚至是在和外国士兵的协作中技巧娴熟。

还有，美国开战从来不是单枪匹马，实际上，美国力量的关键在于其同盟体系。在 2012 年 6 月《亚洲前哨报》的一篇文章中，越南国家关系专家卿武翼（Khanh Vu Duc）呼吁依照“北约”的模式，建立“一个新的太平洋安全秩序”。所谓的“太平洋安全组织”能“提供相关具体解决区域问题的方法”。虽然这需要多年的努力，但眼下美国有 40 多个正式的军事盟友，包括日本、澳大利亚、韩国，后面可能还有印度。但另一方面，正如复旦大学的任晓教授在 2009 年说的那样，中国“既不依附于任何一个大国或大国集团，也不屈服于来自任何大国的压力，也不同他们任何一方结盟”。中国的领导人认为每一个国家都尽量自治，结盟是一种排他行为，可能导致自己与盟外的国家发生战争。任教授的话让人很清楚地意识到，美国是一个“大国集团”的领导，并非只是一个大国。

让我们暂且回顾一下，在1996年，五角大楼的分析家就开始怀疑中国可能会“给美国以前在东亚的地位带来极大的挑战，甚至是巨大的威胁”。那一年，在台湾举行了第一次民主选举后，中国在台湾海峡举行军事演习，克林顿总统向该地区派了两个航空母舰战斗群。中国军方警告不惜发动核战也要阻止台湾搞分裂，中国人民解放军的首席情报官质问美国是否准备为了“保护台湾而牺牲洛杉矶”。当然，这只不过是个学术问题，因为美国当时大约有9 600枚核弹头，中国只有240枚。现在美国有8 000枚，中国有400枚。

2010年，上海交通大学的庄建中教授在其著作《中国、美国和21世纪的海权》中谈到战争时写道：“要是美国和中国合作就可以避免台湾海峡的战争。”庄建中教授警告“要是美国不想让自己的年轻人为了台湾‘独立’而流血”，美国政府就要停止军售。很明显，要是发生战争，最有可能是因台湾而爆发。中美建立双边关系最大的问题是美国仍旧在向台湾出售武器，并同意在其受到攻击时施以援手。美国口口声声说不支持台湾“独立”，但却支持自己与台湾的各项条约。2012年6月《中国日报》的一篇文章，引用北京大学国际关系学院牛军教授的话说，美国在“中国与其邻国的主权争端上也保持中立”，所以美国赞成中国现在的“一国两制”政策。

就军事战略来讲，中国人民解放军的教材上说，“要是台湾从大陆独立……我们的海上防御体系就会失去深度……给外敌打开海上门户”。中国的军事分析家常说中国被第一岛链“包围”，要是台湾回归大陆，台湾就能在第一岛链为中国提供深水港，从而使中国在整个西太平洋和中国南海发挥更大的威力。台湾也就会成为尖端空中武器和核弹的基地。另一方面,正如麦克阿瑟将军在20世纪50年代说的那样,美国只能把台湾看作是一艘永久“不沉的航母”,并以此来遏制中国大陆。如果紧张升级,第一岛链就能为美国的雷达和导弹提供基地。对中国来说,第一岛链的军事活动极有挑衅性;但从美国的角度而言,这些挑衅会恶化中国人民解放军的部署。不论挑衅还是恶化,在大国之间的关系中出现乃平常之举,都是为了防止对抗升级和避免战争。由于拥有强大火力的国家甚多,故最有效的是走外交之路。

新西兰驻上海总领事隋新(Michael Swain)说:“随着时间的推移,中国将不会忍受美国对台湾的军事援助,华盛顿应当重新审视眼下的战略,考虑就双边的紧张局势扩大对话。”在2011年5月的高层接触中,中国人民解放军总参谋长陈炳德将军对美国的最高军事长官、美国参谋长联席会议主席马伦上将说:“台湾是中国领土的一部分……为什么中国人不能保证自己的安全,需要美国来卖武器和装备给他们?”马伦对此没有回应,所以海峡两岸的军备建设仍在继续。

中国人民解放军的决策者知道,在传统的军事力量,如航母和战斗机方面想赶上美国很难。美国的海军仍旧控制着全球的蓝天和海洋,所以解放军走的是实用之路,建设高质量的非对称军事武器。这些非对称系统的设计目的在于打赢网络战,就是摧毁计算机网络、阻塞或破坏卫星轨道。成千上万的网络精确导弹与美国的军舰、水下反舰艇鱼雷、深水炸弹、无人机、高端远程反舰艇弹道导弹、潜水艇、高速巡逻艇(所有这些都可以集聚在一艘航母上实施对区域基地的打击)等相比造价低,且易操作。这也吻合胡锦涛主席提出的中国的目标在于“打赢信息化条件下的局部战争”这一策略。当然,不对称的关键优势在于中国是在家门口,而美国从地理位置上来说在远处。洛杉矶远在11 000公里之外,美国最近的真正能施以援手的是驻扎在关岛的 10 000 名海军陆战队士兵，而这也远在 3 000 公里以外。当然如果不是突然袭击，美国就可以在打击距离内重新部署潜艇和航母战斗群。

中国的策略是“近海”优势，而美国正在实施的计划是“空海一体概念”和“联合作战介入概念”，正如美国海军作战部长乔纳森·格林纳特（Jonathan W. Greenert）和空军参谋长诺顿·施瓦兹（Norton Schwartz）所言，这两项计划都是为了应对中国的“反介入和区域阻绝”，以“持续美国的行动自由”。“空海一体概念”旨在协调军事力量，包括在战争一开始就攻击敌人的网络和平台，即便这些平台是在主权国的领土上，像美国在 2011 年北约攻击利比亚时那样。这些计划包括对陆、海、空以及太空和网络的控制。在最近几年，美国还没有能力打赢或是卷入旷日持久的地面战，所以美国就转向“空海一体概念”。

中国人民解放军寻求的是“近海”优势，而这对抗的是美国对国际常规的理解，即为了贸易和盟友的安全而自由出入的规定。美国担心的是中国意欲建立一项新的“条款”，即遵循 19 世纪美国海军战略家阿尔弗雷德·马汉（Alfred Mahan）的建议，取得海上霸权。由于多数贸易要经过海上，马汉认为国家实力的关键是“海权”。在 20 世纪，美国海军就是在马汉的思想指导下建设起来的。在 21 世纪，中国发出的就是马汉的声音。马汉认为一个国家当有能力撤除他人的海军，保护自己的海岸水域和航线，并鼓励盟友和邻国认同。马汉深知国家繁荣和海上力量相辅相成。

中国人民解放军意欲在 2020 年，在其“近海”，即第一岛链内（日本、中国台湾、菲律宾、文莱和越南）形成反介入和区域阻绝，最终扩展到第二岛链（关岛和澳大利亚）。为了达到反介入和区域阻绝，中国人民解放军正在进行能抗击航母和网络与卫星的军事系统现代化。反介入就是有能力不让其他国家在某个确定的区域彰显实力并控制该区域。2012 年 3 月，在中国的第 12 个“五年计划”里，为了保护近海，中国准备再造 16 架预警飞机和 350 艘巡逻艇。

另外，中国在建设常规武器的同时，也在建设全球卫星通信系统和导航网络。2011 年，中国向太空发射的卫星（19 颗）在历史上第一次超过了美国。“北斗”系统的目标是在 2020 年有 35 颗卫星一起工作。美国 2010 年的《四年防务评估报告》说：“中国正在研发和部署大量先进的中程弹道和巡航导弹、有先进武器装备的新型攻击型潜艇、日益强大的远程空防系统、电子战和网络攻击能力、先进的战斗机和反太空系统。”其中反舰导弹尤为瞩目，因为它可以“在 2 700 公里以外将机动弹头打到海上航空母舰的甲板上”。如果这是真的，航空母舰就会在海战中失去其威力和打破其不可战胜的神话。

中国也正在以让人瞩目的计划，迅速提升其空间力量，包括 2012 年 6 月发射、载有 3 名宇航员的“神九”在轨道舱与“天宫一号”对接。中国的空间站已经到位，在 2007 年和 2010 年实现了成功探月。这些都是科学使命，而对于未来的冲突，中国人民解放军和五角大楼都把空间战看作是其整体战斗计划的一部分。在 2006 年，解放军少将蔡分震说：“对外层空间的控制是领土控制的自然延伸。”空间威慑的目的是维持太空开放，不成为某个大国的财产。空间活动是未来协同作战的一部分。空间武器可以“挑战、化解、蒙蔽、干扰和摧毁”敌人发动战争的能力。

美国总是指责中国在军事上缺少透明度。美国参谋长联席会议副主席、海军陆战队上将彼得·佩斯（Peter Pace）在 2007 年说，“基于信息错误的误判和误解”会导致战争。佩斯解释说这会制造安全困境，因为五角大楼的决策者“所处境地只能是从最危险的意图去假设”。中国方面的错觉则包括：过高估计美国的敌意、过分渲染美国的弱点和衰退、低估战争的消耗以及邻国对一个崛起大国的恐惧。对于中美两国来说，过高地估计其现代化的能力、意图和做法并非好事。

即便在反介入和区域阻绝有很强的优势，中国可以打赢“近海”战(在第一岛链内)，但却易在大范围战争中失利。美国即使不使用核武器也依旧有其威慑力，因为他拥有远程轰炸机、巡航导弹、无人机和潜艇，更不用提美国动用海军封锁主要的航道，如马六甲和霍尔木兹海峡。石油和天然气资源有地缘战略上的重大意义。美国对进口石油的依赖在降低，中国的大多石油进口需经过霍尔木兹海峡，而其进口石油总量的85%是通过马六甲海峡，封锁这两个海峡就可以决定战争输赢。

显然，若冲突离中国的海岸越远，就越明显地对美国有利。这使中国的决策者头疼，因为在过去20年来，中国在全球沾光不少。在2010年的《四年防务评估报告》中，美国国防部说：“我们正在安全和国际常规上遭受挑战……(我们当)发展对抗反介入和区域阻绝威胁扩散的能力，这正在为我们的海、陆、空和网络力量带来挑战。”

中国海军现代化的一个主要部分是其潜艇计划，在过去的10年里，中国建造了4艘不同级别的潜艇，中国也一直积极从国外，主要是从俄罗斯购置潜艇。这种对水下战的重视是对美国舰队的最大威胁。特别是经过2006年的演示，当时中国的一艘潜艇出现在美国航母“小鹰号”及其战斗群附近，直到其到达很容易能击沉航母的距离时才被发现，此事让五角大楼大吃一惊。

政治学家查尔斯·库普钱(Charles Kupchan)在其2012年的新作《无人的世界》中预言，未来的情形是世界上将不再会有全球的军事保护者，中国以及正在崛起的巴西、俄罗斯、印度和朝鲜都想在太阳下占自己的一席之地，没有人会请美国帮忙，并遵从其干预。

美国战争学院的军事分析家赖大卫(David Lai)提醒我们，“只要大国及其强大的同盟坚决维持现今体制下的国际秩序就会有和平与稳定”。但若一个崛起的大国要对抗另一个大国，常常就会发生霸权战或维持平衡战。最终，不想发生战争的龙和鹰，就会因为台湾问题或中国东海和南海的事件被推向战争。

因此，本文的结尾又回到了开始：最终龙与鹰是否会有一战或是两个大国挑战历史呢？对应大国之间的竞争，相互依赖而复杂的外交政策形势不稳且变幻无常。还有诸如高涨的民族主义和保护主义情绪、世界经济危机的阴影、全球恐怖主义的威胁、为能源而战的危险、气候带来的自然灾害、难民和工人引起的不稳定，以及国内的诸多需要考虑的问题。为了中国、美国和全球的利益，军队最好是刀枪入库。历史是让人尊敬的良师，但有时，为了合作、进步和全球和谐，良师会受到挑战。

11. 只恨肉身无处安

看官，大千世界，肉身之地也。人之灵与肉，人生其在，人死其灭。人行走在街上，坐在餐桌旁，站在学生面前，抑或是工作，在社区里活动，出国旅行乃其肉身也。我们的所作所为可谓多矣！“江南 Style”风靡全球，各国肉身的翻版动作显示出的是人的共性。2012 年 11 月，当新的中国领导人第一次亮相出场时，他们的身形组成的强大阵容刻在了人们的心头。2013 年 1 月 21 日，当奥巴马再次当选为总统时，他也在其他大人物的身形簇拥下亮相，因为人们要看着他举着右手发誓为大家服务。

无肉身，无人类，人亦无法繁衍。这个月，我一直在读中国大陆第一位诺贝尔文学奖得主莫言的作品，其《丰乳肥臀》（英文版 2005 年出版）以女性的肉身为主要隐喻，对沿着生命通道来到世上的各色肉身之观察可谓绝妙也。而其《生死疲劳》（英文版 2006 年出版）则以一个男人的肉身先后化身为驴、牛、猪、狗和猴来强调肉身对人生的影响，而非仅仅是阴阳两界的分界线。

除了几位伟人和一些古代的木乃伊在博物馆供人瞻仰外，多数肉身人亡形散，难以复见。活着的肉身去祭拜亡灵，实际上看到的是陵园、墓碑、坟冢或是装有遗骨的棺木。鬼魂之说则另当别论，取决于其有形或无形，这当然与我所谈风马牛不相及了。但即便是有关鬼魂之说，也是建立在难以企及的前世肉身之上的。

人之生也，血肉毛发之躯。人从自己以及子孙的面孔上看到先祖的烙印。人的分类诸多，从性别上讲有男、女，从身高上讲有高、中、矮，从毛发、皮肤和眼睛的颜色上讲有黄、红、黑、棕、白、褐、绿、蓝，从种族特色上讲有汉人、北欧人、蒙古人、彻罗基人（即北美印第安人）、巴勒斯坦人和索马里人等，从年龄上归纳有襁褓、垂髫、总角、豆蔻、束发（女子15岁则称为及笄）、弱冠、而立、不惑、知命、花甲、古稀和耄耋之称。人之肉身无遮拦，易让他人知之。有时旁人分不清我们或猜不出我们的年龄，让我们感到高兴，这让我们有机会纠错。但同时当有人一眼看出我们来自何地（如西安、汕头、哈尔滨、哥本哈根或纽约），并猜对我们的年龄时也是一大乐也。

就我而言，年过花甲，我的肉身已不如从前。我比以前更加注意观察人的肉身。见人来人往，我便会观察芸芸众生中人们的举止是羸弱或强壮，其脚腕是否结实。我想知道男人老了是依旧挺直身板还是佝偻着腰，我亦想知道女人老后是否有性欲。看见年轻人搂抱在一起，我就想知道他们是强有力的动作英雄，还是弱不禁风的花蕊。在百货店里，我不知怎么就特别关注标签，拿起罐装或盒装的食品，我会分析其中所含的热量、碳水化合物、维生素、脂肪和纤维。我想知道这些食品存放了多长时间，就找包装上的出厂日期看这些东西上架有多久。一有新鲜的蔬菜、水果、鱼和肉上架，我便知怎样为自己挑选最好的，而把不好的留给那些不怎么关心也不聪明的顾客。

即便是有机会，我也不会骑自行车、乘妻子的小车或坐公交车，而是步行。早晨起来我打一会儿太极拳，晚饭后为帮助消化去散步。我害怕细菌，不停地洗手，到任何一家餐馆都会用热茶烫筷子和水杯。我依旧苗条，看不惯那些对自己无节制、大腹便便的人。我对自己的身体从不听之任之。然而并非一切都在我的控制之下，我关心自己的身体安全是因为有些事我鞭长莫及。世人至少在以下两方面与我有同感：一是美国社区的枪击案在上升；二是全球变暖和环境危机在威胁人们的日常活动。枪击案和环境危机使人们危在旦夕。人作为个体，防范这两种危险的能力是有限的。枪击案会随意地突然爆发，工业事故和害人的风暴会带来污染和毁灭。刚刚还是风平浪静，一下子就会厄运缠身。

理查德·尼克松总统通常与肉身不沾边，他的名气在于 1972 年访问了中国，会见了毛主席，开辟了跨国交往的新途径，给全球带来了变化。龙与鹰在 21 世纪的双边关系最为重要。两国人在对方的国度旅游，都发现中美人的身影越来越引人注目，交往也越来越频繁，两国人的孩子一起受教育，相互接触并通婚。尼克松在保护环境和人类上有其贡献。他常说对环境的修复是一项超越党派的事业，“享受清新的空气、纯净的水、开放的空间等一切应当再次成为每个人与生俱来的权利”。

早在 20 世纪 70 年代初，尼克松总统就制定了有关环境的国策，并协助成立了环境保护局(Environmental Protection Agency，简称 EPA)。环保局力促人口与资源的平衡，制定温室气体排放的国标，支持反污染活动，监管有害垃圾的处理，监督噪音分贝、杀虫剂的使用和向海洋中排放垃圾，并为新建的楼址提供环境影响报告。17 000 名雇员通过调研，提出了水质、空气质量和检测设备的国标，并发布条例禁止任何州、团体和个人违反国标。

尼克松的努力和美国中产阶级在富裕时代的壮大恰好吻合。老生常谈的一个问题是国家富了，有钱人就会呼吁改善环境，也就是社会学家所说的“生活质量”。为了保证水和空气的可持续利用，政府采取措施监控、调整并改革标准。这些措施也和大国的崛起以及保持大国实力的国家安全联系在一起。每一个政治家都知道国家的环保政策对一个主权国来说非常重要。要是没有清洁的水、清新的空气和可持续的资源,一个国家何以谈安全? 气候变化和全球变暖亦是如此。环境问题对一个国家的经济实力有正负两面的影响,肮脏的环境到头来会毁了经济的发展。

美国的很多环保组织将环境保护视为美国的主要价值观。诸如“谢拉俱乐部”(the Sierra Club)和“人类栖息地”(Habitat for Humanity)这样的组织会仔细检测空气和水质指数并督促环保局和政治家注意不要违反和忽视国家政策。政治家自己对这些组织的权利相当重视。2010 年 4 月 15 日—20 日,位于墨西哥湾的“英国石油深水地平线”漏油事故成为人类历史上最大的灾难。每天有15 000桶原油泄入海水,由于有墨西哥湾流,从墨西哥到欧洲的野生动物的栖息地和原始沼泽地被毁,使鲸鱼和海里的其他鱼类丧生;污染了附近的水资源,渔业和旅游业受重创。奥巴马总统的反应极为受人关注,他说“大石油公司和政府之间存在和睦有时甚至是腐败的关系”,他指责英国石油公司对此次灾难的疏忽,他下令除了阿拉斯加和海湾,所有东西海岸新开发的海上石油钻探暂停。英国石油公司承认有罪并已经支付了 210 亿美金的赔偿。与此同时,石油巨子“加拿大横加公司”(Trans Canada)正在修建一条从加拿大到墨西哥湾炼油厂、名为 Keystone XL 的美加输油管道,该管道全长 1 700 英里。环境保护和健康组织担忧这会污染沿途的地下水,正在想法关闭该管道。

气象学家报告说 2012 年是历史上最热的一年。人为因素造成的气候变化远远超过了阳光的冷暖、火山、洋流的变化以及风型所带来的自然变化。在阿拉斯加,冰溶在加剧,科学家预计下个世纪全球将会面临更加严酷的寒冬。随着全球变暖,气候极限的常态会变得更冷或更热。在 2012 年的“第二次气候变化国家评估报告”中,中国的科学家警告说,全球变暖会使作物减产、水资源枯竭并导致旱灾和洪灾。报告中说“如不采取相应的有效措施，到21世纪的后期，气候变化依旧会成为我们国家食品保障的威胁”。在2012年，旱灾和酷热袭击了美国本土一半，野火毁掉了上千万英亩的土地和成千上万处房屋。多年的熟视无睹之后，大多数美国的公众现在相信人类是这些气候变化的罪魁祸首。在政治上对全球变暖的不作为意味着全球经济的复苏会更难，国家安全危在旦夕，气候灾难加剧，更多的人将丧失生命。

2008年以后的4年里，美国影响全球变暖的温室气体指标下降了，从占世界总量的25%降到了大约19%。这有两个因素：一是因为经济衰退导致制造业的低迷；二是因为发展中国家制造业和汽车工业的膨胀。在总排量上，美国依旧全球领先，其排污量比排在其后的中国高3倍。10年前，布什总统怀疑全球科学家的共识，即人类是全球变暖的祸首，宣称不支持有关气候变化的《京都议定书》，世人火眼金睛，将其举止视为不诚实。美国有12个州和13个环境组织抗议并要求他再次斟酌，但布什一意孤行。他随之操纵官方的科学顾问委员会成员，为了政治利益颠覆科学判断，误导大众，坚持认为全球变暖和环境问题的起因还不清楚。巨大的经济利益和利润淹没了对人类安全的关心。

布什的政策颠倒了人们长期以来的环境保护思想。在尼克松总统执政的时候，美国国会通过了《空气清洁法》(1970年)和《水污染控制法》(1972年)，禁用杀虫剂，要求使用无铅汽油，对乱排有毒垃圾加以重罚。从那时起，全国出台了几千项环境保护的法律条文，其结果是美国的水资源和空气质量普遍很好。然而布什当政时的环保局开启了公共土地上的石油开发、建电厂、乱砍伐和乱开采，布什认为经济、就业和国家安全比关心环境更为重要。显而易见，万事都要有平衡。

自20世纪80年代以来，美国环保局就在实施一项超级基金项目来清理全国有毒垃圾的排放。该项目的基金来源于每年向排放污染的工业厂矿征收的十几亿美元。从1994年到2009年,共和党人占多数的国会削减税收并减少了预算。由于超级基金缺乏财力,布什政府便开始限制垃圾清理,包括在新泽西州填埋一种在越战中曾使用、可致癌的落叶剂化学产品“橙剂”[1]。一位专栏作家在写到布什政府的环境政策时说:“大自然母亲听到总统的脚步就浑身发抖,他自己就是一个灾害区。”在奥巴马总统4年前获胜的演讲中,他提到了“地球变暖的危害”,他曾许诺加强干净的能源经济,并支持实施更严的措施。

2009年12月,奥巴马在哥本哈根举行的气候变化会议上,会晤了其他的世界领袖。发达国家和发展中国家极不情愿地签署了一项没有约束力的协议,限制温室气体的排放。此次会议无功而返,因为发达国家和发展中国家关于谁对眼下的环境状况应负主要责任看法不一。正在崛起的国家,以中国和印度为代表,坚持认为发达的西方国家是罪魁祸首,应当比发展中国家更多地减少排量的百分比。而以美国为首的发达国家则争辩说如果中国不减少自己的排量,他们就不会同意减少自己的排量,因为这伤及国家经济。世界在变暖,因为这些国家为了集团利益和国家经济不愿减少二氧化碳的排量。当空气中弥漫着尘埃颗粒、孩子咳嗽和打喷嚏时,当污染严重、人们在街头看不到对面的摩天大厦时,人的肉身危在旦夕,是该行动的时候了。

随着全球形势的不断恶化,政治私利降低了奥巴马采取果断措施的意愿。很多人认为试图阻止全球变暖乃愚蠢之举。2012年10月30日,共和党总统候选人罗姆尼曾嘲笑人类对气候变化负有责任的说法,他在共和党大会上嬉笑着说:“奥巴马总统承诺的是要减慢海平面上升,并拯救世界。而我的承诺是帮助你和你的家庭。”两个月后,飓风“桑迪”,又

① 橙剂:即 Agent Orange,又叫落叶剂,是一种含有微量毒药戴奥辛的除草剂,在越南战争中被用来使森林地区的树木落叶。——译者注

被称为“怪胎风暴”①和“世纪风暴”，为人们是否有必要更加努力减少温室气体排量和应对对人类有危害的气候类型打上了一个惊叹号。人类需要国际的环境合作，以便开始迈向一个更加干净的世界，从而使我们的肉身有立足之地。国家之间的正式协议只是一个开端，然而并非唯一的途径。必须有跨越国界的控制条例，来保护全球的深海洋和大气层。

除了污染引发的全球变暖对人身的长期威胁，越来越多的枪击案也成了迫在眉睫的威胁。2011 年 7 月，在挪威的奥斯陆附近，一位孤独的枪手震惊欧洲，用军用步枪射杀了 77 名(大多是)青少年。2012 年 12 月，22 名孩子在学校被人用刀捅伤，刀非枪也，所以被捅的孩子无人罹难。对枪支实行高度控制政策的中国社会相对于美国以及其他地方枪支泛滥的社会更加安全。美国是世界上拥有枪支比率最高的国家，每 100 人中就有 89 人有枪。全国有 295 000 000 支枪在私人手里。

全社会拥有巨大数量的枪极有可能增加暴力犯罪，虽然也有人说暴力会减少因为很多人可以自卫。大多数专家不同意这个观点，毫无疑问，轻易有枪会增加意外和蓄谋的枪击。美国曾经一度禁止购买军用攻击武器，但到 2004 年又废除了。美国最大的利益群体是支持枪支的游说组织——“全国步枪协会”，该协会时髦的口号有“枪不杀人，人杀人”“禁枪只能让歹徒有枪”。他们只是为个体而并非为国家责任在游说。

在最近的 2008 年 6 月，美国最高法院对《美国宪法》第二修正案的解

---

① 怪胎风暴：即 Frankenstorm，也被译为“怪物风暴”，是英文 Frankenstein(弗兰克斯坦)和英文 storm(风暴)组在一起的词。《弗兰克斯坦》是世界第一部真正意义上的科幻小说，它是英国诗人雪莱的妻子玛丽·雪莱在 1818 年创作的。主人公弗兰克斯坦是一位从事生命科学研究的学者，他创造了一个面目可憎、奇丑无比的怪物。开始时，怪物秉性善良，对人充满了善意和感恩。但是，当他处处受到创造者和人们的嫌恶和歧视时，他感到非常痛苦。他杀害了弗兰克斯坦的弟弟威廉，又企图谋害弗兰克斯坦的未婚妻伊丽莎白。弗兰克斯坦怀着满腔怒火追捕他所创造的恶魔般的怪物。最后，在搏斗中，弗兰克斯坦和怪物同归于尽。本书揭示了作者的哲学观点，她认为人具有双重性格——善与恶。长期受人嫌恶、歧视和迫害会使人变得邪恶而干出种种坏事，甚至发展到不可收拾的地步。本书还为英语添加了一个新的单词“Frankenstein”，一个最终毁了它的创造者的东西。——译者注

释是允许个人有权拥有使用枪或在家中子弹上膛是为了自卫。但事实的真相是眼下美国人的武器太多,永远无法收缴。枪支和暴力将依旧是美国人生活中的固有特色。枪支的拥有问题是有争议的,在高层也一样。2008年,布什总统和司法部支持一项法律提案,在首都华盛顿特区严格控制手枪和攻击性武器。但副总统切尼和国会的大多数人反对,并要求最高法院否决总统试图控制街道上的枪支这一提案。法院最终站在了切尼一边。

隐匿带枪在大多数州也是合法的。比如,截至2012年12月,佛罗里达州向大约100万人颁发枪证,允许其可随身隐匿携带一到两把手枪。佛罗里达州有1 900万人,批评家说如果在该州参加一场有75 000人的摇滚音乐会,就会有3 947支隐匿的合法手枪,当然不包括不合法的。另外,有几个州从买枪到把枪拿到手有一个等待期,在佛罗里达要等3天,但在大多数州,只要买枪的人通过了联邦调查局的审核,就可以从枪店直接拿走枪和弹药。联邦政府不断在做的唯一举措是核实顾客的背景,登记顾客的身份,并限制有前科的罪犯、外国人、精神病人和瘾君子买枪。要是有人想买枪,在买的时候,店主会把顾客的信息通过电子形式发给联邦调查局,联邦调查局通过审查犯罪记录同意或是否决,一切只需要大约30秒钟。从1998年该程序启动到2008年,联邦调查局审核了95 984 008人的背景。从奥巴马当选以来,很多人担心新一届政府的条例会限制自己拥有枪支和弹药,在奥巴马的第一届任期,从2009年1月到2012年12月,有61 706 929人通过了审查。

1999年发生在科罗拉多州哥伦拜恩和佐治亚州中学的恐怖枪击案、2006年宾夕法尼亚州5位阿米什学生遇害的枪击案,以及2007年弗吉尼亚理工大学32名学生遇害的枪击案,加剧了人们对枪支控制的辩论。2012年12月,在康乃狄格州的纽镇,一位精神病人使用强火力攻击武器杀害了1名16岁的学生、4名7岁的孩子和6名老师,这使得人们对枪支控制的反应变得比以前更强了。人之肉身在无辜地生长,然而子弹让其罹难,父母为其掩埋尸体。支持枪支管制的人们试图利用这一暴行进行改革。但“全国步枪协会”马上反对禁枪,并说:“不让坏人有枪的上策就是让好人有枪。”奥巴马称纽镇屠杀是“我任总统期间最糟的一天”,并发誓要从2013年起运用法律手段解决枪支问题。显而易见,许多爱枪的人担心丧失自己的权利,从而急着买枪。

奥巴马呼吁禁止的是美国海军陆战队使用的那种攻击武器和弹药,他也呼吁对非法进口枪支采取更加严厉的法律约束,联邦调查局的审查应更加严格。要是最高法院强调此项监管规定如宪法中的第二修正案所言,“管理良好的民兵是保障自由州的安全所必需的,因此人民持有和携带武器的权利不得侵犯”,他也许有可能实行改革。在全世界,除了美国,只有危地马拉和墨西哥坚持自己的国民有持枪的权利。我们不得不拭目以待,看美国是否会限制枪支。

于是,对全球变暖的辩论和对枪支管制的辩论在危害肉身存在上诡异地吻合了。有人说,在环境和枪支控制上,那些欲求管制条例者的妄言只会让自己遭殃。也有人不相信空气太差,否则人们就会足不出户,这些人也不信美国每年有9 000人丧生于枪口。许多大企业的领导人说诸如火力电厂这样的人类活动不会引起全球变暖。还有人说,如果污染和就业二者必居其一,那么工资单和国民经济排在管理条例的前面。钟爱枪的人曰:“枪不杀人,人杀人。”“全国步枪协会”的人相信枪能拯救生命,因为枪让罪犯知道人人有枪,且很危险。在我看来,为了人的肉身和生命,政府必须严控空气质量和水源污染,很认真地处理可持续资源的管理。我们都需要枪支管制。空气越清新,子弹越少,人类寿命愈长。我们的肉身才能得以安在。

12. 皆有可能的时代：全球领袖继往开来

每过 20 年，世界上最强大的两个国家领导人的选举就会巧合地在同一时间进行。2012 年这种巧合出现了。在过去的一年里，世人在纷纷猜测，谁会成为管理超级大国的人，并面对世界秩序的巨大挑战。在中国和美国，选择新领导人或认可旧人的程序，随着习近平的地位上升——他将在 2013 年 3 月成为国家主席——奥巴马的连任结束了。为了在激烈的大国政治竞争中寻求合作，两位领袖依旧是任重而道远。

龙与鹰的关系一直就不是风平浪静的，而前面的路也不平坦。“战略互疑”的阴影还在，不可能有重新再来的“白板”。全球既乐观又谨慎，中美双边关系会渡过愈演愈烈的经济和军事紧张局势吗？美国外交家杰佛理·巴德（Jeffrey Bader）说中国和美国的观点从来就没有完全吻合过。两国的争议通常由于国内的政治和两国与他国的问题而被放大。巴德认为随着时间的推移，习先生和奥巴马有能力通过发展信任和尊重，建立令人满意的官方和私人关系。奥巴马先生要学会怎样掌控全球最有实力的国家，现在又有了 4 年的时间，奥巴马会更加自信和称职，而习先生已经有 10 年中央委员的资历了。

总体说来，全球媒体对中美的选举结果是满意的，认为会出现一个进步和建立国际常规的新时代。一年来,中美两国由于各自不同的政体、文化和历史所造成的选举领导人的不同模式颇受世人关注。在全球,每一周的每一天,所有国家的人都在关注或阅读分析中美领导人选举异同的专栏。美国的体制是喧嚣而混乱的,很多人支持罗姆尼或奥巴马是基于个人的经济原因,而非人们共同的利益。

但最终,习先生和奥巴马先生在党内和百姓中的支持成为强势。奥巴马以332票对206票稳操胜券,他所在的党派也在参议院赢得了更多的席位。习先生被提名为总书记和军委主席是前所未有的。胡锦涛主席的这步棋,即将军权交给继任者是史无前例的,这也说明他信赖自己的继任者。中共中央政治局常委的人数从9人减为7人,习先生的权力会更加集中。国人对其父辈的记忆以及前领导人江泽民的支持,也会对其他常委有影响。

中国和美国领导人的权力也不同。中国的体制是常委基础上的集中,而这些常委是从全党的干部中选拔并由前常委推荐而来的,其理念是加强党的领导,代表8 300万党员领导13亿民众。毫无疑问,江泽民先生作为老一代政治家依旧有其影响,而胡主席和温总理在3月份卸任后也会继续建言献策,党的代表大会在大多数问题上会有共识,并制订联合计划。

美国的领导体制是对抗制,不同的利益集团相互牵制。其理念是尽量不妥协,政府里有不同的声音,若有变革,要设法阻挠或延缓实施。眼下,众议院被共和党把持,奥巴马总统提出的任何为穷人谋福利和增加富人税收的经济政策都会遭到反对。几乎凡事都有不平者,而各种不同的声音都会在网络、电视、无线电和报刊上喧哗和争论。

人皆同意当有政府,政府有效率乃民之所愿,天下人皆期望政府能得民心。但世界秩序的千变万化、国内外形势日新月异的发展和民众的激情迫使领导人在很多问题上不得不小心翼翼地保持平衡。显然，眼下必要的改革、未来人们的幸福以及国家在世界舞台上的前进目标，有时是逆历史潮流而动的。明日之事无法预见。即便是最稳妥的计划也可能由于偶然事件或自然规律而毁于一旦。比如说在中国的南海，小小的摩擦都有可能在冷静的头脑占上风前而上升为失控举动。

奥巴马和习近平先生深知，在基于经济基础之上的全球地缘政治圈里，亚太地区在未来的10年里将会是重中之重。中国崛起的经济大国地位是对美国霸权的挑战。亚洲的国家羡慕中国的崛起，通过巨大的贸易和金融活动所形成的厚实地域市场，也为中国的崛起助了一臂之力。然而，即便是有这样的地域联盟，中国的邻国还是在紧紧地盯着龙。这也不稀奇，因为只要有文化软实力和经济黏实力的变化，就会有军事同盟硬实力的变化。从国际政治理论和历史上讲，当一个国家迅速崛起进入强国行列时，周边的国家看到随着经济力量的壮大，围绕其国家的陆、海、空军事力量也在上升，他们便不会相信“和平崛起”这类安慰话。毕竟鹰常常是一边在世界多处卷入战争，一边宣称“友好”和“善意”。

要是中国的邻国失去美国的贸易和安全保护，中国的经济举措就会使亚太地区的平衡转向对自己有利的方面。中国在南海和东海的紧张局势却直接对美国有利，因为随着中国的每一次抗议或实力展现，卷入事端的国家就会越靠拢鹰。中国当然不高兴了，因为中国觉得自己在海上和岛屿上的主权以及独享的经济区域受到了挑战。由于边界争端和政府的新政策使美国有机会和缅甸的关系正常化，连缅甸也在变化了。显而易见，这是暗中的战略较劲。围绕美国在这一地区的频繁亮相、中国的强大和东亚国家对这两个大国的态度，恶语谗言层出不穷。

中美两国的国内形势也在推波助澜。要是对中国强硬，可以让奥巴马获得短期的国内经济利益,帮助他减少美国的国债,增加就业机会,延缓政府开支,他会一意孤行的。要是习近平先生认为中国人的民族情绪会帮他使党强大,并推动经济发展,他就会强调外交。显然中美两国的任何举动都会引起对方的反应,并使一些小国家不得不选择自己的站位,从而形成两个大国敌对的局势。

随着实力竞争和对对方实力的恐惧,中美之间产生了"信任赤字"。这需要习先生和奥巴马先生面对紧张局势,采取新的"有创造性地结合"来平衡竞争与合作。这一地区和世界的未来在于中美关系的实质。奥巴马要显示出他不是在遏制中国,而是有志于平衡力量,取得双赢。在地域上,多边方针成功的机会大于迫使他国二者必选其一的双边系列协议。要是为了双赢战略,习先生和奥巴马先生想让各自强大的国内力量遵循世界常规,联合国和东盟的机制不失为这一世界远景的参考。即将成为中国总理的李克强和即将离任的美国国务卿希拉里·克林顿举足轻重。联合国和东盟为了国际秩序,也可以建立第三或第四个"强国",动用一些小国家,平衡和遏制中美的利益。但中国和美国会不顾其他"强国"的要求,力保各自在这一双边关系中的现状。

连任后,奥巴马的第一次出访明显显示出他很看重中美关系。从11月17日到20日,也就是在他连任的第10天,习先生当选两天后,在访问缅甸、泰国和柬埔寨时,他向中国发出了明显的信号。在谈到贸易关系、区域安全和制度建设时他说,自己的这次访问不仅仅是为了平衡中国军事力量的影响,更重要的目的是在更广泛的问题上将亚太所有的国家团结在一起。但这并非坦途:一个大国怎能与另一个大国地域上的邻国加深同盟呢?美国怎能与缅甸、泰国和柬埔寨加强联盟而不疏远中国呢?复旦大学的相蓝欣教授说得很清楚:"美国政府的一举一动,包括这次出访缅甸，都被认为是地缘战略……你们口口声声说这与中国无关，但中国人却认为这一切都与中国有关。”

奥巴马坚持说自己的这次访问对两个大国都有利，在加强“重返亚洲”时，保持透明。在柬埔寨的东盟峰会上，他与中国总理温家宝会晤，也会晤了日本首相野田佳彦。讨论的焦点是解决中国南海、东海的争端和为该地区的所有国家保持稳定和良好的关系而努力。而胡锦涛先生早就在呼吁“平等、互信、包容，互相学习，合作共赢”。

11月17日，在奥巴马开始出访的当天，中国前副外长傅莹呼吁合作但却坚持“中国政府要保护中国在海上的权利和利益，这也呼应民众的合理诉求，妥善解决争端需要各方的共同努力，我们反对任何挑衅中国主权和领土的行为，一旦发生我们只能坚决回击，这也是保持该地区长久和平的需要”。

奥巴马和习先生有机会缓和紧张局势，重新定义两个大国之间的关系。奥巴马要从现在做起，并在未来的4年里带领美国这样做。因为习先生有10年的任期，他对世界秩序的影响会更大和更深远。由于他集三权，即总书记、国家主席和军委主席于一身，这是他的前任上台时没有过的事，他有迈出大胆步伐的底气。另外，总理的位置从常委的第三被提到了第二，李克强先生会沿着习先生的方向前进。

影响习先生的最大因素是全球的经济局势。大多数分析家预计，在习先生执政期间，中国将会超过美国，成为世界“老大”，虽然中国近期的经济疲软现象可能使这推后几年。然而，谁也无法预料世事的发展。其中的一个因素是到2035年，美国的能源会自给自足，到那时美国的石油生产和出口将超过现在的沙特阿拉伯。这将会降低中东的影响，让美国有机会从中获利，并在其他方面运用美国的军事和外交力量。

眼下，大选期间的指手画脚，相互指责，言辞攻击会收敛一些，过去的激烈言辞和举动也会随之温和。也许“痛批中国”和“痛批美国”大都是处于不同心态的政治上的钩心斗角，目的是为了提高自己的影响，走向权力巅峰。中国和美国的领导人都表现得不甘示弱，会为国家的利益挺身而出。现在大选结束了，为了龙和鹰的利益，也许双方喧哗的民族主义情绪会回到更为平和的对话上来。2012 年 11 月，胡先生作为总书记最后一次面对全国人民讲话，他的发言有 64 页，持续了 100 分钟。胡先生强调了自己任期 10 年来的经济发展，中国的经济从世界第六上升到世界第二，但他也提醒说“发展中不平衡、不协调、不可持续问题依然突出”，应当马上关注。他呼吁要更加“科学发展”。在谈到美国的冒险和中国的不干预策略时，胡先生说“穷兵黩武无法带来美好的世界”。

习先生是务实的，他一直在中国改革的前沿。他想通过寻求政治改革来完善党的体制，他也知道要从经济和政治上提升中产阶级。他不想像美国那样把中国的政治模式建立在多党之上。布鲁金斯研究所的李成说政治改革意味着迈向有中国特色的民主，即“社会主义民主”或“人民民主”，而不是美国那样的民主。李成解释说这是一种党内民主，就是党在党代会内扩大选票。

奥巴马先生知道对于中国敏感的人权和法律问题无法说教。中国领导人愿意奥巴马在美国大选中战胜罗姆尼，也许新加坡记者拉维·韦乐尔在祝贺奥巴马连任时的话最能说明问题，他说，“当亚洲在美国的车轮上需要给力的人时，全球最强大的国家没有落到一个新手的手里”。日本、俄罗斯、巴西、南非、印度和欧洲诸国很明显也支持奥巴马的连任和他的多边策略，反对罗姆尼的单边方针和重振美国在世界上独一无二的“老大”地位的言辞。罗姆尼不仅承诺要“重返亚洲”，而且还要与中国竞争，这会加大军费开支，加剧军备竞赛，并把大量的美国军事设施投放在太平洋。罗姆尼说他会强硬，抵制中国制造，向汇率施压，呼吁中国废弃流产和“独生子女”政策，加大对台湾的军售，支持西藏的自由和持不同政见者的人权。罗姆尼的这些提议不仅是在遏制中国，也是在破坏中美从1979年以来建立的关系。邓小平和吉米·卡特为中国从一个封闭的社会走向一个欢迎资本主义企业家的市场社会创造了条件。中国的经济奇迹来自开放，而不是遏制。

习先生有个人魅力，其风采让世人刮目相看。我在以前的文章里提到美国对他的反应，现在依旧如此。在2012年5月的《纽约客》杂志上，伊凡·奥斯诺斯(Evan Osnos)写道，美国人知道“习先生是共产党元老的后代，‘文化大革命’中在农村受过苦，后来在仕途发展上显示出有市场头脑。美国财政部长亨利·鲍尔森(Henry Paulson)说他是‘一个真正知道如何实现目标的人’。就个人来讲，习近平与其上一任对比鲜明”。奥斯诺斯意思是说习近平显得自在、信心十足，他和蔼诚恳、英俊潇洒。在这个互联网、社会媒介发达，日常监督密切，全球高新科技日新月异的时代，习先生是领导中国的最佳人选。另外，随着中产阶级的崛起和许多人接受教育水平的提高，习先生面对的国内形势与任何前任都不同。中国政法大学的何冰教授在微博上贴了一条关于新领导人的评论，这几乎是人们的共识，他说“他的谈吐有人情味”。值得注意的是，习先生讲的是普通话，没有地方口音。

习先生高瞻远瞩，他11月15日说：“新形势下，我们党面临着许多严峻挑战，党内存在着许多亟待解决的问题。尤其是一些党员干部中发生的贪污腐败、脱离群众、形式主义、官僚主义等问题。”4天后，在中共中央政治局第一次集体学习时他又重申：“近年来，一些国家因长期积累的矛盾导致民怨载道、社会动荡、政权垮台，其中贪污腐败就是一个很重要的原因。大量事实告诉我们，腐败问题越演越烈，最终必然会亡党亡国！我们要警醒啊！”习先生说“物必先腐，而后虫生”。他的这些话非同一般，是在呼吁要用实在的改革保护党，让领导人接近群众，很务实地解决社会问题。

习先生11月15日的亮相演讲直言不讳。没有生硬的言辞，没有喊口号，只是提到了“中国特色社会主义”。他也没有提毛泽东和邓小平。他强调的主题是人民的英勇、党的领导和改革的关键。他承诺为了将来的成功和眼下的需求实行改革。习近平说“我们的人民热爱生活，期盼有更好的教育、更稳定的工作、更满意的收入、更可靠的社会保障、更高水平的医疗卫生服务、更舒适的居住条件、更优美的环境”，而这一切，习先生说会使“孩子们能成长得更好、工作得更好、生活得更好”。这些对国内问题的关注都是中国的老百姓爱听的。实际上，习先生的演讲主题和奥巴马先生一直所推行的是一样的。

奥巴马总统一直被人们称为“社会主义者”，他想把美国资本主义的自由市场体系转化为政府监管更大的模式，以便帮助市场竞争中的弱者，资助老、弱、病、残和那些并非由于自己的过错但却失业和需要医疗保险的人。像习近平先生一样，奥巴马想缩小贫富差距，为大多数人提供社会安全保障和物质繁荣。回顾习先生的演讲，他谈到的教育、就业、收入、安全、医疗、房子和更优美的环境都是奥巴马在总统竞选中的主题——这也帮助奥巴马赢得了再做4年总统的机会。事实上，另外一个和习先生军委主席的身份相似的是奥巴马是美国军事机器的总司令。习先生掌控着中国的军权，而奥巴马则掌控着全球最强大的军事力量。

奥巴马五十过一，习先生五十有九。奥巴马出生于第二次世界大战结束的16年之后，习先生是第一位1949年以后出生的总书记。这使他们对世界秩序和国内需求的看法与他们的前任不同。他们都是跨世纪人物，两人都接受过良好的教育，总是面带微笑，谈吐自如，荧屏形象好。务实、忠诚使他们在政治圈走到了今天。他们的这些个人品质会浓缩为个人魅力，他们的魅力贵在有一种亲切感，在公开场合也不自负。这类人深受全球媒介的欢迎，深受世界其他国家领导人的青睐。美国人有句口头禅来形容这类人，那就是“他这人可以在一起喝一杯”。在习先生2012年2月访问美国时，美国的媒体和民众常说这句话，很明显这是对习先生最高的赞赏。2013年，人类将迈进一个一切皆有可能的时代，来自全球最有权力的这两位领导人的魅力让我们倍感如此。

另外一个相似之处是，这两位领导人的妻子都是能帮夫君的“贤内助”，她们漂亮、事业成功、性情开朗。今年50岁的彭丽媛将成为中国30多年来最出众的第一夫人。彭丽媛在人民解放军中任文职少将，但使她闻名全国的是她那一流的歌喉。根据《纽约时报》的说法，“彭丽媛可以为中国树立一个正面的光辉形象”，中国也确实需要女性形象，《世界都市 iLOOK》的主编洪晃说，“……我们可以想象，如果她成为像米歇尔·奥巴马那样的第一夫人”。当然，要想打破中国的传统，让彭丽媛出头露面是有难度的。但要是任何中国领导人的妻子该有分量，那就是这位著名女歌唱家。中国社会科学院的李银河教授支持彭丽媛，她认为彭丽媛可以提高中国在国内外的软实力。米歇尔·奥巴马当然是很耀眼的，她的耀眼在人际外交和助其夫君上效果显著。

蛇年来临，中国和美国巧合的选举会将世界带进一个皆有可能的时代。奥巴马的竞选口号是“前进”，他最终赢了。习先生承诺要进行经济和政治改革，他最终也赢了。现在，确实没有别的选择，只能“前进”，去创造一个更美好的世界。唯一明智的选择是发扬光大中国和美国的成功。历史发展到今天,中美两国任何一国的失败都将是对方和全世界的灾难,习先生和奥巴马先生对此深信不疑。在外交政策和国际关系上,为了我们的生活、我们的进步和我们未来的幸福,他们会推行合作与竞争的平衡。

13. 珠宝盒与西安时光机

——空港新城·快速时代·下一个中国世纪

我在喷气机时代长大,一直梦想着飞行。孩提时,我喜欢收集各种鸟的塑料模型,我看过那个"比子弹飞得快"的《超人》的每一集。少年时,我放下了鸟,把所有的钱全花在了飞机模型组件上。我拼粘飞机模型,迷上了各种飞机的贴画,如德国的福克战斗机、日本的三菱零式飞机、英国的闪电战斗机、法国的幻影、美国的"星武士"战机 F104、B52 远程战略轰炸机①和几十种军用直升机。我小舅是美国国家航空航天局的科学家,该局坐落于佛罗里达卡纳维拉尔角的肯尼迪航天中心,就在我 18 岁生日的两个月后,他参与了 1969 年 7 月 20 日将人类送上月球的发射。后来,我小舅在洛克希德飞机公司工作,该公司是 U-2 侦察机、SR-71黑鸟式侦察机、C-130 大力神运输机和 C-5 银河重型运输机的制造商。他使我迷上了航空和航天。在越战接近尾声的 1975 年,我加入了美国空军。完成飞行训练后,被分配在自己最喜欢和魂牵梦绕的 RF4C 鬼怪侦察机上工作。"冷战"期间,我曾在欧洲执行过几百次飞行训练和军事任务,当过机长和飞行指挥官。后来我弃军从文去学历史,飞行和历史都是运输工具——两者皆为"时光机"。

---

① B52 又名同温层堡垒,意思是 B52 可以爬升至地球同温层。——译者注

西安是真正的时光机，人们想到西安，就会想到其历史和未来。人们漫步在当下的时候，时光在其脚下穿梭。她的名字让人联想到历史。但西安也是中国航空工业的重镇，有 25 万人从业于航空工程、飞机制造、军事基地和训练学院。拥有 800 多万人口的西安是个大城市，甚至可以说是个巨大的都市，她是世界上第八个发展最快的城市。

大都市被人们称为“世界的珠宝盒”，因为这里的商机、各种密集的人群和越来越全球化的运输枢纽让人目眩。拥有几十所大专院校和各种技校的西安，在校大学生超过百万，也是人们心目中的“珠宝盒”。

今天，为了配合 21 世纪最具创新的城市设计理念，一座被称为“西安空港新城”的航空大都市正在西安的北部兴建。西安空港新城目前还在建设的初级阶段，建设完成后，会像首尔的新松岛机场、阿姆斯特丹的史基浦国际机场、北京首都新机场、香港国际机场、迪拜国际机场一样，成为我们这个时代城市变革的原型。这些出色的空港将城市化、航空和商务融为一体，创造出了第四代航空设计的新理念。

这一理念的主要理论家和倡导者是美国的约翰·卡萨达（John Kasarda）教授。其理论的简单基石乃“运输基础设施历来决定商业选址和城市发展”。更有趣的是，约翰·卡萨达说机场本身就应该是座城市，不仅仅是为附近的城市提供服务，而是现代生活活动的中心。航空城有工业和制造园、商务区、城市生活区，为人们提供各种不同的工作，还要有所有的基础设施，如学校、幼儿园、公园、派出所、银行、医院和政府办公楼。商务作家格雷格·林赛（Greg Lindsay）说，以前修建机场时人们不大考虑整体效应和便利，觉得机场大多是为了运输。现在的设计者建设的是生活和机动性空港。第一代机场只是运送旅客，第二代机场运送旅客和一些轻便货物，第三代机场有了购物中心，而第四代机场则是一个完整和复杂的城市。

美国的空军基地不是航空城，因为不够大。但可以说是一座小镇，其中心是拥有跑道和航空物流。20 世纪 80 年代，我和妻子住在一套三室的军官公寓里，距跑道不到 1 英里。几百名士兵和他们的家人住在我们周围的军人生活区。当地的老板和工人来来往往，我妻子在基地的小学教书。我们的食品、电子用品、衣物和其他东西大都是在跑道旁边的购物中心购买。我们下饭馆、吃快餐、去图书馆和银行、看电影、健身、看牙、理发、打垒球和高尔夫都是在基地里。飞机维修点、供应处、会议室、交通设施、邮局和宾馆都聚集在跑道周围。安全网外面毗邻基地中心的便是平民的世界，有许多家具和百货店、娱乐公园、别墅和公寓大楼、加油站、汽车经销店、各种饭店、书店、酒吧和影院。简而言之，空军基地就是一个航空大都市的缩影——一个以机场为中心的商务、工作、生活以及快速运输中心。

中国的“十二五”规划（2011—2015 年）是建设上百个新机场，包括四大空港枢纽，即天津滨海、上海浦东、重庆两江和西安咸阳机场。当然，广州的白云机场已经被人们称为“亚洲的航空大都市”，因为“联邦快递”在那儿有设施。北京的首都机场早已是世界上最繁忙的空港。如果这些设施完成，中国的矩阵将会赶上或超过美国上了年纪的空港中心，如洛杉矶国际机场、芝加哥的奥黑尔机场、华盛顿的杜勒斯机场、亚特兰大的纽瓦克机场、纽约的拉瓜迪亚机场、达拉斯 - 沃斯堡国际机场和孟菲斯国际机场（联邦快递的总部）。

城市化专家约耳 · 加罗（Joel Garreau）写道，“城市总是围绕着最先进的运输设施而诞生”。同样，互联网通过以太网矩阵信息、商务备忘录和传播信息的社会媒介空间把世界连接在了一起。航空大都市将会成为实体网络中的关键，真实地演绎人与物的实地运送。这两大网络——虚拟和实体——目的在于减少把一样东西从一个地方运送到另一个地方的时间。早年的理论家卡尔·马克思就曾提到“距离之死”，并将速度定义为“时间湮灭空间”。当虚拟网络与实体网络对接时，机场传送系统的速度会瓦解时间。显而易见，我们的周围都是时光机。

在唐朝及以前多个朝代，中国的中心在长安——当时世界上最大的都市。今天，我们正处在下一个中国世纪的起跑线上，世界格局将因此而改变。我对此深信不疑。中国的力量在于地大物博，人口众多。中国在全球的力量源于其经济模式和历史。但这些因素还不足以与美国在21世纪的霸权相抗衡，因为中国还没有我们这个时代同时该崛起和传播的三大主题，即全球标准、互联网矩阵和超大城市的吸引力。中国只是这些聚集和重合在一起的主题的受益者，中国的“十二五”规划说得很清楚，中国的“发展仍处于可以大有作为的重要战略机遇期”。

中国已经成为我们这个时代最有趣的一个国家，这使得一些其他国家惧怕其成为威胁，也有国家认为中国是个机遇，欣赏中国继续“走出去”和“请进来”。不论是“威胁”还是“机遇”，在大国政治中，人们用合作和竞争来分析中国。现实主义者看到的是“零和”，即一国受益别国就会受损。自由主义者提倡的是“双赢”。也许最好是建构主义者的方式，将“合作”和“竞争”合二为一为“合竞”。这很实用，有益于贸易，也是环球社会的结构。

我们生活在城市化理论学家约翰·卡萨达称为“快速时代”的年代。当我们决定做什么或想做什么的时候，我们等不及或是马上要到手。用“等”这个词无法形容21世纪的城市人。缺乏耐心和妄想一下子到手并不只是中国人在要求提供物品和服务时显示出的特性，整个世界都急于满足自己的欲求。在任何方面，如获得信息和产品、运输、办公、家庭娱乐、找工作和人际关系上，人们都渴望更加便利和迅速。生活节奏加快了，商务节奏就要随之跟上。网上订购、运输系统通过实体网络的传送在维持商务竞争。

互联网上的电子商务使这一现象有过之而无不及,当人们想从世界上的任何一个地方得到什么的时候,当人们在掌上电脑和桌上电脑上点击"购买"键后,就想在两天内,或最多在一个星期后就得到。我们给同事发短信或电子邮件,渴望立马得到回应,否则我们就会再发,甚至是打电话去问对方是否收到了信息。全球变暖的加速使得风、水与火的模式难以预测,人们最终给出的简单理由是气候变化打乱了我们的日常生活,使人们的生活极不方便。为了便利和就业,我们需要可持续的资源。消耗即将枯竭的原材料提供我们需要的产品让人们感到恐惧,因为我们有可能因为资源枯竭而遭遇更大的不便。

伴随着中国世纪和快速时代,我们进入到了城市世纪,2012 年,世界上的人口,选择居住或被迫居住在城市的人口超过了乡村人口。中国的比率是 52% 和 48% ,这个比率将继续扩大。人口统计学专家估计到 2050 年,全球 70% 的人(63 亿)将会居住在大都市,其中大多数都会居住在形成全球矩阵、具有高速机动性空港的航空大都市里。这些机动性空港是运输系统的进出口,这里不同的运输模式聚集在一起以便使人们的行动更加迅速。空港的特色是有购物区和生活空间,是高端活动和人们参观的目的地,也是人们居住的家园,不仅仅是人们要乘飞机的地方。简而言之,航空大都市就像一块磁铁吸引着人,因为这里机会多、娱乐性强。

城市的出现在于运输的转折点创造贸易,城市一直是文明的基石,是一个国家形成的先决条件。历史学家在谈文化时,他们会以今昔的名城来佐证城市对人类进步的贡献,受过教育的人谁没有听说过路克索、罗马、巴格达、君士坦丁堡、西安、雅典、麦加、廷巴克图(现名通布图)、马丘比丘、耶路撒冷、京都、孟买、巴黎、纽约、洛杉矶、柏林、伦敦、莫斯科、首尔、北京和其他十几个为人类的生活节奏有过贡献的城市呢？民族国家是强大和有主权的，的确如此，但从政治、社会和文化革新的实验熔炉里导引全球市场经济崛起的是世界上的城市。在任何一个国家，城市组成了全国性的城市化网络，连接着城市与城市之间的制造和分布系统，从而形成了国际和跨国矩阵。

城市对个人和家庭来说是有好处的，因为城市空间为人们提供的机会大于乡下的村庄和小镇。城市里稠密的卖家和买家、经理和工人创造出了一个有血有肉的规模经济，仅经营规模便可压缩成本提高生活水准。如若这不是真的，我们就不会看到全球自愿或是被政府移到城市的人口发生革命性的变化。每一周在世界各地，有100多万人进入市区。但这种移民潮给城市的基础设施带来很大的压力，因为人口的快速增长使得城市的住房、交通、供水、排污系统和能源供应显得有些勉强。政府和私人投资者应在一个尽量考虑环境的整体和可靠系统里共同解决这些需求。城市的设计者希望建立生态化的城市，保留足够的绿地，有废物利用的循环系统，减少污染但同时也不牺牲就业率。现代城市还不理解大都市世纪的概念，缺乏一体化和生态功能，但随着科技进步和先进城市对社会的推动，人们会理解的。

大城市有其兴衰，有骄人的繁荣时代，也有繁荣不再的时候，但城市没必要为此蒙羞。成败之别在于城市规划，政府承诺以及随着科技、环境和社会的变革让城市具有开放的视野。城市化理论家简·雅各布斯(Jane Jacobs)认为，如果城市是一个封闭的相互依赖系统就会衰败。在《如果让市长管理世界》一书中，政治学家本杰明·巴伯(Benjamin Barber)说虽然国家领导人支持改革和基金项目很重要，但最关键的因素是大城市的市长。发展快的城市能适应千变万化的经济挑战，并与外界保持联系。视野越宽就越强大，而将其称为家的人民生活就越美好。巴伯相信地方官员如市长和省长比较了解潜在的问题并谙熟解决之道，因为他们首先关心的是自己这个城市的发展，而不是着眼于国家经济和国际关系。当然，世界大事对市长们也很重要，因为正如巴伯和雅各布斯提醒的那样，那些不能尽快适应世界上其他城市竞争的城市将会受到全球化的惩罚。

城市是经济活力与创造力的源头，因为城市蕴含丰富、复杂多样。在发达国家的早期发展中，城市化和城市发展形影不离，兴衰与共。中国的决策者理解这一准则并寻求协调两者间的关系。在 2013 年 5 月的《求是》杂志中，李克强总理解释说，“中国正在经历城市指数增长，这将会刺激投资和消费，在扩大内需上起关键作用”。李总理清楚随着城市的不断壮大和富有，其发展将会扩散到乡村，激起乡下农民的希望。习近平总书记强调不能忘记农村和农民，要保护古遗址，实现城市化，完成建设一个更美好的中国的梦想。

一座城市就是一个有连锁机会的网络。在《城市对你有利：大都会的精神》一书中，城市化历史学家贺利思（Leo Hollis）说，“居住在城市，让人更加富有、更加健康、更加聪明、更加环保、更加有创造力——也许甚至是更幸福”。在《城市：城市化时代的指南》一书中，史密斯（P. D. Smith）称赞大都市是“我们最伟大的创造，城市让我们畅想未来，实现我们的梦想”。“中国梦”随着城市给人们带来的机会，和“美国梦”一样会成真。“世界的珠宝盒”这一标签对航空大都市来说特别确切。

当我们大多数人都住在大都市的时候，我们可以顺着这条路想象未来的城市和我们未来的生活方式。德国人有一句经久不衰的忠告：“城市空气让人自由。”这句平常的提示也是一种社会组织理论，该理论假设社会约束、传统模式、产品的选择和乡村生活中的等级制度在城市居民中无法施展。都市人在生活方式、食品、工作和人际关系等方面的选择千姿百态。相反,“乡村生活窒息了人的选择”。而选择就是机会,问题在于我们应当选择革新的珠宝盒(城市),还是忠于传统的选择(乡村)?全球乡村人口的流失已经压倒性地回答了这一问题。德国人和各地的都市人喜爱多姿多彩和变化万千的城市自由空气。

观察一下城市化和世界上都市发展最快的地方,我们就会发现我们正处在经济学家所说的一个“两个速度的世界”。从人均 GDP 看,90% 发展最缓慢的城市在欧洲和美洲。全球发展最快的 50 个城市中,有 47 个在中国。印度也在快速发展,但印度眼下的财富和力量根本无法与中国相提并论。持续发展的中国依靠四种途径,投资和出口仍是关键,但成为消费超级大国的步伐和鼓励创新将会为发展提供新的途径。超大城市的崛起会促进消费者的支出,使中国的国内市场在 21 世纪中期居世界之首。

据美国智库“布鲁金斯学会”2013 年的调查,世界上发展最快的 8 个城市是武汉、重庆、沈阳、长沙、长春、南宁、合肥和西安。从现在起再过 12 年,即到 2025 年,中国将有 220 个城市人口超百万。相形之下,美国目前只有 9 个这样的城市,欧盟这艘船上也只有 35 个。全球每 5 个人中就有 1 个中国人,随着多一半的中国人生活在城市,中国世纪将在城市化的氛围中到来。

虽然我们应当铭记上面涉及财富和选择的文字,但大多数中国人现在更加富有,也更加自由了,城市如此,乡下也一样。2013 年 7 月末,我目睹了陕西省西部的生活现状,我走访了中华文明的发源地和汉文化的奠基地——西周当年的所在地。这里历史遗址和纪念碑随处可见,当地的农民为自己的先祖而自豪,觉得自己生活在中国精神和文化家园的中心。西北大学的胡宗锋教授就在此长大,他的家人依旧住在那里。他对我说孔子曾推崇周王及其先民是中国崛起的模式和典范。是啊,陕西的历史辉煌，传承久远。

但我到此不是为了上历史课，我是想看看横水镇的现状，有 4 000 多农民在这里生活与繁衍。学校里正在新建的教学楼、翻新后的村居、水泥铺的街道和私营的店铺呈现出乡下经济发展的局面。我在一户人家住了一晚上，这里有 12 个村民小组，以农耕为生。家家房顶上的太阳能热水器、丰富的食品、人们对前景的乐观，以及他们对自己成就的自豪给我印象很深。

人们谈自己的家，也说远古的周朝，他们也谈论政治——在中国，从盛大的宴会到小小的聚餐，我看见人们到处都在讲政治。有个人回忆自己家里 1978 年以前的情况，并和 2013 年的生活作比较后对我说："有人说共产党为当地人做得还不够，但你到周围看看，你就明白人们的生活好多了。"当我（像习近平说的那样）问到"老虎"和"苍蝇"的危险时，农民们说还需要改革，事情有好有坏，对于他们来说多数情况是有利的。我的所闻让我想起地球人都知道的"美国梦"，那就是美国人对待工作、教育和由贫到富的理念。显然，"中国梦"与此相近，因为也是重视工作、追求幸福。不同之处在于这些农民理解"中国梦"是一个大众梦，其梦想是消除苦难、重铸这个国家在"百年屈辱"中失去的辉煌。

正是由于对社区的重视，大胆和明了的协调举措对国家有利。这比眼下美国共和党个人意志和自由主义的动机好，共和党反对政府以任何财富再分配的方式投资基础设施。他们情愿把亿万美元砸到军备支出上，加速工业革新，给军工创造就业，但就是不愿意把民众的钱花在交通系统和城市发展项目上。美国的衰退让奥巴马总统感到沮丧："想想中国在基础设施上的投资，他们的港口、铁路系统和机场现在比我们好得多。这就意味着如果你是一家准备投资的企业，你就会想北京看上去是一个不错的选择。"

毫无疑问，中国的基础设施在规模和建设上让人欣喜，而美国的设施在生锈，其腐朽之快无法更替。通用电气公司前董事长兼首席执行官杰弗里·伊梅尔特（Jeffrey Immelt）曾说，“中国在快速发展，因为中国投资科技，他们在做事……他们知道钱在哪里而且会直奔目标”。2013年，中国提高了在飞机、火车、电厂和其他基础设施上的投资，这有利于在中国世纪和快速时代的竞争。资金就在城市运输空港的创意集群中，而政府决意为航空大都市项目提供资金。

与中国的机场相比，美国的机场（少数除外）运行不力，在设计、服务和运输速度上都不如或落后于其他大国。经济学家托马斯·弗里德曼（Thomas Friedman）抱怨说，和中国与欧洲超现代的机场相比，离开那里到达美国就像从“《杰森一家》飞到了《弗林特斯通一家》”。这个比喻用的是20世纪60年代著名的电视剧，杰森一家生活在类似航空大都市的未来城市里，而弗林特斯通一家是生活在恐龙世纪的原始人。当美国耗资于国外的战争，却在国内的桥梁、码头和机场修建上支出不足时，中国却正在建设未来的大都市运输基础设施，包括城市网络、控制向城市的流动、提升世界领先制造商的工业能力。

大国通常也不是发展中国家，但政治学家认为中国是发展中的大国，中国的“十二五”规划（2011—2015年）中说“工业化、信息化、城市化、市场化和进一步的国际化”是发展的需要。这个规划在国内外事务上颇具雄心。如果其中的运输计划能全面实现，中国世纪就会在经济前沿立足，在国际劳务市场赢得地位，从而作为一个大国参与竞争与合作。

在《中国航空：未来的考验》一书中，分析家詹姆斯·法洛斯（James Fallows）称航空和航天是“中国现代化的下一个主战场和考验区”。航天一直是美国力量的主要驱动力和通用高科技的成功范例。法洛斯认为如果中国想壮大，机场的发展和民用航空的扩大是运输和商务一元化的关键。他以在动物世界生态系统中最强大的狮子做比喻，狮子依赖于次于它的所有阶层的动物，要想成为像狮子那样的“顶尖捕食者”，那就意味着整个系统要好。法洛斯总结说中国要是运用科技力量成功地实施航空和航天的革新，中国就会在航空建设上成为狮子那样的“顶尖捕食者”。如果这个“顶尖捕食者”在壮大，那就显示出所有的生态系统是完好和值得尊敬的。航天进步意味着城市化、国力发展、力量崛起和全球一体化。

中国的决策者知道该怎样发展，第12个五年规划中说要“完善以国际枢纽机场和干线机场为骨干、支线机场为补充的航空网络，积极推动通用航空发展，改革空域管理体制，提高空域资源配置使用效率”。机场可以连接内地区域和城市之间的高速铁路网络，而改进后的高级水运可以补充新的国家高速公路系统，再加上良好的港口设施，就会为快速运输系统提供一个天衣无缝的网络，从而使在中国的旅行和商务更有效率。地面运输系统的目标主要是国内消费，而未来的航空运输则是下一个中国世纪和“顶尖捕食者”依赖的支点。

有比较才有鉴别，美国在30年间，其中包括第二次世界大战、20世纪50年代和60年代，曾有过自己的“重要战略机遇期”，美国人看到并充分利用了这一机遇，使国内的消费猛增、中产阶级飞速发展、大专院校设立了新的成果标准、科研的进步迎来了航空时代。所有这一切使这个国家成为一个超级消费大国。美国一体化的基础设施建设在人力和物力运输上既方便又快捷，成了世人羡慕和模仿的榜样。中国的战略机遇期始于20世纪80年代，从90年代起开始加速前进。

如果我们稍微回顾一下就可以看到，从美国建国的17世纪起，修路是为了车马在陆地上跋涉，从而在贸易点诞生了城市。这种运输在古代连接贸易城市西安和巴格达与罗马的“丝绸之路”上最为显著。在运输历史的第一阶段，中国的航海家也从港口城市，特别是沿着珠江三角洲出海。在美国，沿海没有岛屿链妨碍的一流深水港口为其商船航道提供了很多有利条件。人与物乘船东可到欧洲，西可到非洲，到 1914 年，美国通过建设巴拿马运河把世界连接在了一起。

运输的第二阶段是依靠蒸汽机和运河修建的内陆江河水运系统。美国的水运依然强大，但运河却销声匿迹了。相形之下，中国的内陆水运系统扩大了，运河以及深水航道运输是其整体矩阵的主要力量，使中国的原材料和成品运输在效率上有所提高。

随着铁路的修建，兴起了运输的第三个阶段。铁路的旅行速度、使人可预计出行计划的火车时刻表——极其方便，既赚钱又大受欢迎。在"镀金时代"（1877—1900 年），美国的铁路系统是政府和地方私企共同投资，铁路从美国大西洋的港口横跨 5 500 公里，与加州的太平洋港口连接在了一起。20 世纪成了美国世纪，到 1900 年，美国拥有的铁路里程数相当于全世界其他国家的总和。到 20 世纪 60 年代，美国政府组建了美国国家铁路客运公司①。"美铁"现在全长 34 000 公里的铁路段上每天发送 300 车次。美国没有建一条高铁乃其衰败之征兆。中国到 2015 年，快速铁路系统将达到 45 000 公里，包括连接香港与珠海。现在从西安到北京只需要 330 分钟。

运输发展第四个阶段的标志是高速路和汽车。到第二次世界大战的时候，美国各个阶层的人都廉价地拥有了汽车，不过那是在战后，就是被历史学家称之为"富裕社会"的时候。美国大量地投资州际间的高速公路，东南西北来回穿梭，形成了一个对角线式的高速公路蜘蛛网矩阵。政府提供资金支持，这一点很像中国"十二五"规划中提议的把所有的城市

① 美国国家铁路客运公司（National Railroad Passenger Corporation of the USA），简称"美国国铁"或"美铁"。——译者注

通过83 000公里的全国高速公路网络连接在一起。这一高速公路计划使陆地上的集装箱式卡车运输更有效率，也使国内的消费和服务上升到了更高的水平。

航空时代的到来使运输进入了一个新空间。到20世纪30年代，全球首富霍华德·休斯(Howard Hughes)创建了航空工业和自己的环球航空公司。西雅图和华盛顿的比尔·波音飞机制造厂改进了自己的飞机生产线。他们的成功在全球引起了竞争。第二次世界大战和"冷战"加剧了对军用和民用飞机的投资，带来了喷气机时代。美国人运用革新来打造全球最安全和利润最丰厚的航天和航空商务。世界上的国家蜂拥而至购买休斯、道格拉斯、洛克希德和波音飞机。在过去的12年里，欧洲生产的"空客"一直是美国"波音"的主要竞争对手。世人期待着中国能在下一个12年里很认真地加入到这场竞争中来——到那时，中国才会成为生态系统中的"顶尖捕食者"。

世界正处在运输发展的第五次冲击波中。全球化，特别是互联网将以前的四次冲击波组合到一起，创造了一个崭新的矩阵。无论中国是否能很快在客运飞机制造上领先，都会帮助我们来回答不远的将来我们将如何生活这个问题。解决之法就是以机场为中心，把城市美好的规划、优良的机场设计和商务战略相结合，像卡萨达近十几年来倡导、格雷格·林赛(Greg Lindsay)在《航空大都市：我们未来的生活方式》中详述的那样。

陕西西安空港新城管委会主任王学东先生理解航空一体化经济区域的含义。王先生是一位在南开、北大和清华大学接受过教育的经济学家，他熟悉全球供应链、增值的金融曲线和以航空为中心的经济模式。王先生认为航空大都市把社会需求、政治任务和经济增长结合到一起形成了一个战略工业，能为国内就业、良好的居住环境和全球商务竞争提供服务，是下一个中国世纪的新期望。上海世博会的主题是“城市让生活更美好”，“航空大都市让生活更美好”可能成为将来的口号。王先生也是一位航天爱好者，他有时学飞行课，这让他和飞行员与导航员一样更清楚地理解机场的效率。

王学东先生愿意和我探讨空港新城的建设，这个人给我的第一印象是他的智慧，特别是他善于聆听，愿意从多方面考虑问题。他深思熟虑，对航空大都市有清晰的视野。王先生和我的谈话从卡萨达的理论谈起，卡萨达的有关运输的第五次冲击波认为大都市和大机场要融为一体，这样商务才会更有前途，更多的工薪阶层会成为中产阶级。中国要缓解从乡下把农民大量迁到城市所带来的压力，只有这样中国才能持续科学的发展。

王先生提到了中国的“十一五”和“十二五”规划，在他希望看到的陕西建设蓝图中，有香港国际机场、韩国松岛新城和北京首都机场的影子。他说，香港国际机场占地 168 平方公里，西安空港新城占地 146 平方公里。空港的建设耗资大，但经济投资将会得到远期项目对这一地区的回报。这里的建设包括安置普通工人和拆迁农民的生活区、中产和上等家庭的公寓和最新的运输设施。这一切会让西安成为一个分配和制造口，成为一个机动空港——一个大西北的综合运输空港。

王先生相信西安空港新城在国际上将会成为西安通向世界的“门户城市”，在国内则“辐射西部”。他对我说：“你知道，我们已经完成了 3 号航站楼的建设，今年有 2 500 万人进出西安，而今年夏天人会更多。”他解释说，西安和航空新城的结合会为陕西的崛起助一臂之力，作为国际和国内与世界接轨的空港使经济受益。这是一个宏伟的梦想，当我问他这个梦想是否可能很快真的实现时，他说：“当然，现在时机成熟了。我相信没问题，我们能做到，我们一定会做到。”我相信在历史的这个关头，只有中国能上这样的大项目，同时打造4座航空大都市和100多个支线机场。

中国式的政治体制和政府支持的项目往往比西方华盛顿式的混乱、盲信和民主更有效、更有力。中国很快就会在全球的运输和城市化基础设施上领先。卡萨达在说到中国（和少数亚洲和中东的一些国家）时说，“如果有什么，那就是他们的动作是够快了”。眼下的航天大腕美国在大项目上缺乏政治上的一致，热衷于私人而非公共投资，是所谓的自由市场。中国模式的灵活性可以让领导人看准方向，调动资源和人力去完成大项目。西安空港新城是“十二五”规划在2011年提出的，现在已经有38个大项目在建设中，包括西北最大的飞机维修机库，一个巨大的海关保税区。全球的城市化决策者都认为几乎没有哪个国家能很快完成这样的壮举。中国是在一个宏伟的天平上思索和建设。

西安空港新城会提升劳工的素质，为了提高中国的价值链，中国必须有这一步。机场的驱动力是科技，安置工人就要提高他们的技术水平。航空大都市为成千上万的人创造就业的机会，也在国际商务界创造竞争。总的说来，每年中国从农村安置2 500万人进城，政府要耗资6 500亿人民币。在西安航空新城，眼下在建的保障房项目涉及11 000个家庭，大约48 800人，4 500套已经完工。从家园搬走的农民每人可得到60平方米的住房补偿。还有6 500套公寓正在施工中并将于2015年完工，大量的项目还在蓝图上。

不同的项目有不同的户型，除了为安置农民修建的公寓，还有为产业、制造业、服务业、机场保洁工人和其他“蓝领”建造的廉价和价格适中的保障房。比如，在商务中心区，已经修建了2 700套公寓，更多的还在施工中。这些公寓既适用于家庭也适用于个人，据估计将有25 000人在此居住。这些公寓可以租用或者以政府认为消费者能支付得起的限价购买。这些公寓耗资 13 亿人民币。

王学东先生说被安置的农民多数都将在机场工作，如做园艺、施工或其他技术要求低的工作。另外，还有让农民学习新技术和获得新机会的培训项目，对于劳动密集型的产业，20%—30% 的工作都留给了要安置的农民。到 2020 年，将会有 30 万人在此居住和工作。

我的印象是王学东先生在力求保持对历史的信仰，让现代与古老的文明贯通，把历史和航空大都市衔接在一起。“我们既要考虑秦始皇的铜车马和兵马俑，也要考虑波音 767 的钛金属发动机和国际游客”，他对我说。他强调西安空港新城一定要“国际化、人文化、生态化、智慧化”。2013 年 7 月 20 日，我应邀出席一次为期 1 天的研讨会，有 16 位中国历史、文学和语言学的专家与学者和他的委员会成员一起商讨空港新城的道路和区域命名问题。研讨会的主要思想是如果要打造一个“智慧城”，就要尊重和弘扬陕西的历史和文化。

穆涛教授以周、秦、汉、隋和唐时代的命名和历史记载为新城的命名定下了基调。他说西安是汉文化的中心和灵魂，西安空港新城要和中国灵魂城市的传统一致。这样做会在国际范围内提升和重铸中国文化的辉煌，也会在当地的居民中产生很强的共鸣，是一种让人有归属感的象征。在连续 3 小时的研讨中，大家对细节的认真关注简直让我难以相信。不论打造快速、省时和壮大经济的空港新城是多么重要，西安空港新城首先是一个珠宝盒和时光机，回到历史是为了前进。秦始皇和先进的航空挽起了手。

除了意义、归属感和国家地位，历史和华为、小米手机一样是经济资源，可以带来有形的收益。我们通过名字、意象和历史遗址来尊重我们的祖先和他们创造的文明。作为一个历史学家，我相信我们远古的先祖们那样生活的唯一理由就是要把力量传递给自己的后代。对于我们来说，在先辈们的基础上建设是继往开来,会给城市居民、我们的后代和我们自己带来更美好的生活。在中国没有哪一座城市比西安的历史资源更丰富,西安空港新城与唐代泾河和渭河(黄河的主要支流)之间山谷的风水相宜,公元8—9世纪,这里是中国的中心,是全球最大的都市。长安得益于“丝绸之路”的贸易和此前10个朝代的华夏文明。但长安一度失宠了,从中国和世界城市的天梯上掉了下来,以至于中国之外那些受过高等教育的人也都从未听说过。

然而城市有兴衰,也会再次繁荣。1979年,西安又回到了世界舞台。这不仅仅是邓小平领导下的中国对外开放的奇迹,也是西安兵马俑博物馆建成开放的硕果。西安扎进了历史,发现了历史的价值,用玻璃柜中的历史照亮现在和建设未来。过去是序幕,历史的种子会开花结果。著名作家贾平凹在其小说《废都》(2013年被中国的胡宗锋教授和英国的罗宾博士刚译为英文)中描写过西安。贾先生的小说背景是20世纪80年代,西安的居民在变得富有之后却迷失了自己,这是后现代思维,也许是面对新的消费品、国际性文化、腐败和物质富足后的一种虚无。一切都太多太快了,个人财富的突变使许多人不知所措,需要重新调节自己。也许现在应该写一部名为《兴都》的新小说。西安航空新城的设计以历史为精神和经济资源,会为西安重铸辉煌助一臂之力。

西安咸阳机场已经是中国发展最快的机场中的探花,2012年的乘客增长率是18%。机场正在修建第三条跑道,随着向航空大都市演变,还有平行修建第四和第五跑道的空间。在2012年,机场运送的乘客超过了2 300万,3号航站楼新的高档购物区在吸引零售消费者。进港和出港通告牌上显示有130条国内航线和30条国际航线。2013年,芬兰航空公司开通了从赫尔辛基到西安的直达航班。国际航班带来的是商务。国际航班的进出以及直达航班增加的显示牌,被格雷格·林赛描述为商务和旅游的“寻宝图”。

“亚太航空中心”(CAPA)目前把中国的飞机客运量排在全球第八。经济排名全球第二、人口第一的中国显然在经济增长和国际旅游业上大有空间。中产阶层工资的上涨会确保这一切得以实现。另外,有保障的直达国际航班会使西安成为全球商务的一个快速枢纽港。“亚太航空中心”称之为“爆炸式的增长”将会使西安从目前中国国际乘客进出港人数排名的第20位跃居到前十位。2012年机场的进出港率为30亿人次,航班为37.5千万架次,这一事实就验证了财富的上升、中产阶层游客对舒适旅行的追求和商务游客的需求。

中国目前购买的所有飞机多半来自全球知名的飞机公司,特别是“波音”和“空客”。这些飞机构成了中国的几大航空公司——中国国际航空公司、中国南方航空公司和中国东方航空公司的机队的一部分。在2010年,中国的航空公司拥有2 600架客机,到2015年这个数字将会增加到4 500,到时据估计将有4.15亿中国人搭乘国内航班,1.05亿人搭乘国际航班。显然,中国的乘客和飞机数量很快会超过美国。“全球商务旅行协会”根据对商务旅行消费的跟踪估计,到2013年,中国的商务旅行费用将会达到224千亿美元,美国是269千亿美元。而游客的花费则会轻而易举地让这个数字翻一番。

美国的未来学家阿尔文·托夫勒(Alvin Toffler)在《未来的冲击》和美国社会学家曼纽尔·卡斯特尔斯(Manuel Castells)在《网络社会的崛起》中都在强调速度的重要和在人生中的“流逝”。生命和事件的转瞬即逝让人们震惊,但人们在满足自己的欲望时更加渴望速度和效率。产品流动的模式、信息、工人、投资和旅行等,这一切征服了世界。事实上,流动模式为城市化和空港城市在快速时代奠定了基调。对任何延缓流动的东西我们都要再思考,以便使其跟上快速电子商务互联网消费者的愿望,与我们所生活的这个大公司投递时代相匹配。

在西安空港新城，王学东先生贯彻和落实的是流动理论的概念。运输是重中之重，正在兴建的空港新城已经拥有了两条铁路线、三条高速公路、一条即将完成的直达西安市区的地铁线和城内加速流动的大道和街道。另外，新建的公司、物流和商务中心、公寓住宅区、飞机维修库和航空大楼在设计上为了缩短距离、增加运输效率、降低成本、提供更好的物流和客运服务，距跑道和相互间的距离都不远。这些与速度有关的条件和毗邻对游客来说极为重要，是吸引大公司来投资的必要措施。还会有更多吸引私人来投资的举措。2013 年 7 月 28 日，习近平主席明确指出，中央对新城市基础设施发展的计划很重要，但发展和改革要以市场为导向，投资友好，由当地政府管理。中央决策和投资、地方管理和私人投资将一起合力打造西安空港新城。

西安空港新城目前已经落实的项目有投资千亿人民币的台湾富立LED 产业，在此建生产线和制造工厂，生产绿色能源的光电产品。一处198 套别墅的中高档住宅区（已经建成并售出），空港新城不同企事业工作人员居住的高层公寓楼已经获得了世界五百强上海绿地集团 260 亿人民币的投资。作为其投资的一部分，绿地集团正在修建一座五星级宾馆、一家商务中心和一处国际教育中心，以便和综合商务社区配套。还有，和北京云柏集团合作，筹建一处着眼于国际流行基调的大型购物广场、一家星级宾馆和一家商务中心。云柏集团以其在北京的搜秀城而闻名，并已承诺投资 30 亿人民币，建设一个世界级的零售广场。

由于航空城是一个现实网络中的枢纽中心，空港综合保税物流园区将会成为欧洲和亚洲之间的主要门户和提供电子商务的端口，该项目的初期投资为 110 亿人民币。已经落实的还有一家红木工厂。空港新城完全建成后，其在跑道附近的位置将在 48—72 小时的投递时间内为全球服务。这里还要修建电磁产品、艺术雕刻、新建筑材料展示中心和把产品迅速送达顾客的出口工业园。这个“实物互联网”需要手续简便的海关。美国的普洛斯集团投资了近6亿人民币来建设国际航空物流园。

飞机的可靠性最为关键，这里将由中国东航投资15亿人民币来修建西部飞机维修基地，把西安打造成地区维修中心。建成后的维修基地可以为“空客”服务，使之成为整个亚太地区最大的“空客”维修基地。将来会扩大业务，为其他机型包括“波音”服务。

为了提升文化旅游、弘扬陕西书画家的作品，陕西美术家协会已经开始在此筹建西安国际美术博物馆、一个画家村和为中外艺术家提供聚会和展览空间的综合商务中心。

从总体上看，西安空港新城根据不同的目的和作用，依据持续流动的理论，也就是革新福特生产线的智多星弗雷德里克·泰勒所说的“唯一的上上策”，分为七大组团，分别为：空港综合保税物流园区、空港半导体（LED）产业基地、机场产业、空港商务中心、民用航空技术、城市中心和北辰生态园。这些组团为产品的流动、生产线和产品制造以及第二天交货提供速度和价值，为高端商务游客提供了一个有会议设施的综合商务中心。这里支持民用航空，有航空训练设施和飞机维修基地，弘扬中国文化的精髓，鼓励国际文化交流和旅游；有大片的生态区，保留了许多完整的村庄，在泾河的南岸创造了一个大绿色带，为旅游者提供了一个生态旅游的好地方，也能让当地居民和旅游者尽享天然风光。

这里的最后一个组团是北辰生态园，占整个空港新城面积的一半，将这一部分纳入空港新城的总体计划提高了航空城作为领跑者的环境意识形象，着力于发展更加绿色的生活空间。食品加工可以轻松地纳入这一区域，并把核心放在蔬菜和水果上。国际游客可以参观这里的历史遗址，生态旅游大有可为。

环境学家常常说中国的空气吸不得,水喝不成。但空港新城不仅是在重点打造航空大都市,也是在打造一个生态化的航空城。空气和水质会改善,风景将会更美。进入这一片绿地的企业可能包括一个高尔夫球场、一个运动公园、家庭出游的野营设施、一个有熊猫和骆驼能吸引和让人高兴的小动物园、各种各样的旅馆、文化遗址、湖泊和餐馆。可持续发展和清洁的环境有利可图。

中国"十二五"规划的一个重大主题是"在工业化、城镇化深入发展中同步推进农业现代化,工业反哺农业、城市支持农村,夯实农业农村发展基础,提高农业现代化水平"。在西安空港新城,评估家要决策先搬迁和改造哪一个村落。要关心的是保护文化遗址和田园生活,但优先考虑的是能否改造和是否需要搬迁。中国政府像习近平主席和李克强总理说的那样想改善环境,王学东先生对我说:"我们在努力,我们也有义务。但我们不得不为了更大的利益平衡就业和经济与生态。我们的目标是让航空城国际化、人文化、生态化和智慧化。"

在所有建议中,触动我想起自己爱上飞行的一项是建一个培训下一代飞行员的飞行模拟中心,建一个分开的航站管理商务喷气机和中国越来越多的私人飞机。在航空条例被修订允许民用航空有更大的自由后,来自境外的商务和私人飞机也会增加。航空管理的改善会打开流动的源头,在竞争激烈的市场为全球跨国商务带来效率。现在,中国只有几百架私人喷气机,与美国的22万架商务和私人飞机相比,中国就谈不上说有私人飞机。事实是商务总裁们不愿等,需要不受航班束缚地随时起飞和降落,他们只要有可能就选择乘私人飞机。比如,"空客""湾流"和其他一些公司制造的公务机更快也更舒适,其油箱容量可以从西安直达伦敦和纽约。

不管如何有益，古老的“丝绸之路”落满了灰尘，缓慢，有骆驼味。新“丝绸之路”以城市和机场为中心，有更大的潜在利益。我们应当祝贺这些生活水准高的珠宝盒。我们处在快速时代，这是一个大都市的世纪，是中国世纪。不久，我们就会在陕西听到登机广播：“女士们、先生们，希望您在空港新城和西安时光机度过一段美好的时光，请准备好您的登机牌，以便我们尽快起飞。”

吾辈所处乃航空时代是也。